# 청소년이
# 경영학을
# 만나다

미래 경영학도를 위한 입문서

# 청소년이 경영학을 만나다

2023년 11월 20일　　초판 발행

| | |
|---|---|
| 저자 | 신형덕 |
| 삽화 | 박선재 |
| 발행인 | 송재준 |
| 기획 | 김갑성 |
| 책임편집 | 한승희 |
| 표지디자인 | 문한나 |
| 임프린트 | 에고의 바다 |
| 펴낸곳 | 복두출판사 |

출판등록 | 1993년 11월 22일 제10-902호
주소 | 서울 영등포구 경인로82길 3-4 807호(문래동, 센터플러스)
전화번호 | 02-2164-2580 팩스 | 02-2164-2584
이메일 | info@@bogdoo.co.kr
홈페이지 | www.bogdoo.co.kr

ISBN 979-11-971798-7-7  43320

**값 15,000원**

**에고의 바다는 복두출판사의 임프린트입니다.**

제목서체 출처 - 한국기계연구원, kimm.re.kr

미래 경영학도를 위한 입문서

# 청소년이 경영학을 만나다

신형덕 지음
박선재 그림

에고의 바다

# 머리말

간 혹 대학교 전공으로 경영학과에 지원하고 싶은 학생이나 그 학부모님들을 만나면 다소 판에 박힌 질문을 받곤 합니다. "경영학과에서는 무엇을 배우나요?", "경영학과 경제학은 어떻게 다르지요?", 또는 보다 직접적으로 "입학 면접할 때에 교수님들은 어떤 것을 물어보나요?"라는 질문도요.

이 책은 기본적으로 위의 질문들에 대한 답을 담고 있습니다. 제목 그대로 미래 경영학도를 위한 입문서로 집필되었지만 경영학에 관심을 가진 모든 청소년을 환영합니다. 청소년이 만나는 경영학은 대학생이 전공으로 배우는 경영학보다 훨씬 쉽게 이해되어야 한다는 생각으로 이 책을 쓰게 되었습니다.

그러나 쉽게 쓰였다고 해서 경영학의 일부만 다루고 있는 것은 아닙니다. 경영학에서 다루는 중요한 내용은 두루 다루고 있습니다. 전략과 마케팅(제1장 소비자의 니즈), 재무(제2장 자금의 흐름), 운영(제3장 생산과 운영), 그리고 최근 중요성이 대두되고 있는 ESG경영(제4장 기업의 사회적 역할)은 미래 경영학도 또는 경영학에 관심을 두는 학생이 알아 두면 좋을 족히 충분한 범위를 커버하고 있습니다.

제가 이 책을 쓰면서 가장 강조하고 싶었던 것은 기업의 역할에 대한 학생들의 진지한 고민입니다. 현재의 중고등학교 교과과정에서는 사회 교과목에서 경제적 원리에 대해서는 어느 정도 배우지만 사회에서의 기업의 역할과 경영 활동에 대해서는 상대적으로 깊이 다루지 않는 것 같습니다. 뉴스에서는 임금을 체불하거나 환경을 파괴하는 부도덕한 기업들에 대한 기사가 쏟아져 나오고 있지만 우리나라의 경제를 이끌고 있는 크고 작은 많은 기업들의 노력과 혁신은 잘 부각되지 않고 있습니다. 심하게 말하면 기업들은 부도덕하고 불법을 자행하지만 돈을 버는 일이니 어느 정도 눈감아주어야 한다는 분위기까지 느껴질 정도입니다. 그러니까 사회를 위해 기부를 많이 하거나 취약 계층을 돕는 기업만이 좋은 기업이라고 생각하는 것이지요.

그러나 좋은 기업은 사회를 위해 기부하는 기업이 아닙니다. 이 책의 각 장에서 소개하는 기능들을 잘 수행하는 기업들, 즉 소비자의 니즈를 충족해서 사람들을 행복하게 하는 기업, 자금을 잘 운용하여 경제적 효과를 극대화하는 기업, 능률적인 운영방식을 개발하여 생산성을 극대화하는 기업, 그리고 기업과 사회의 가치를 함께 높이는 방법을 찾는 기업이 좋은 기업입니다. 대학교 경영학과에서 배우는 내용을 간단히 요약하자면, 이러한 활동들을 기업이 어떻게 잘 수행할 수 있는가에 대한 것입니다.

특히 제4장에서 이 점을 명확히 설명하는데, 2008년에 가시화된 서브프라임 모기지 사태를 계기로 기업의 존재 목적이 주주의 이익에서 이해관계자의 이익으로 확장되었다고 해서 자유시장의 기본 질서가 파괴되고 사회주의적인 계획경제로 대체되는 것은 잘못된 인식이라는 것을 강조합니다.

한 마디로 좋은 기업은 정부가 할 복지 정책을 대신하는 기업이 아니라 기업 본연의 활동을 잘하는 기업이라는 것이지요.

이러한 점에서 경영학은 청소년 여러분의 가슴을 뛰게 할 충분한 가치가 있는 학문이라 할 것입니다. 물론 사람을 살리는 의학도, 미지의 세계를 탐구하는 공학도, 세상의 이치를 파고드는 철학이나 인문학도 여러분이 열정을 쏟아 공부하기에 충분히 가치 있는 학문이지만 우리가 매일 사용하는 다양한 제품들, 먹고 마시는 식품들, 그리고 그런 것을 구입할 돈을 벌게 해 주는 직장이 효율적이고 효과적으로 관리되고 혁신하는 방법에 대해 연구하는 학문인 경영학은 얼마나 가슴을 뛰게 하는 학문인가요!

스티브 잡스와 같은 뛰어난 경영자 한 명이 인류를 위해 얼마나 큰 공헌을 했는가 생각해 보면 이 책을 통해 청소년이 경영학을 만나는 일이 얼마나 소중한 일이 될 것인지 짐작할 수 있을 것입니다. 본서를 통해 더 많은 청소년 여러분이 미래 경영학도와 더 나아가 세상을 바꾸는 경영자에 대한 꿈을 키우기 바랍니다.

2023년 늦은 가을
저자 신형덕 교수

# CONTENTS

# 제3장 생산과 운영

"생산성이 답이다"

# 제4장 기업의 사회적 역할

"ESG는 중요하다"

Management
Business
Intelligence
IT
FIN TECH
Governance
BIG DATA
Information
Governance

# 소비자의 니즈

**" 원하는 것을 만들어라 "**

기업이 성공하는 가장 기본적인 요건은 무엇일까요? 여러 가지 요건들이 있겠지만, 아마도 가장 중요한 것은 '소비자가 원하는 것을 만들어야 한다'일 것입니다. 그러므로 소비자가 원하는 것을 올바로 파악하는 방법은 경영학에서 매우 중요하게 다루어져 왔습니다. 지금부터 이 내용을 먼저 소개하기로 하겠습니다.

# 1

# 경쟁우위의 원천인 니즈

우리는 **니즈**<sup>needs</sup>라는 용어를 자주 사용합니다. 이 말은 사람들이 필요로 하는 것을 의미하는 영어단어지만 정확한 우리말을 찾기 힘들어서 그대로 사용할 때가 많습니다. 비슷한 뜻을 가진 용어로 **수요**<sup>demand</sup>나 **욕구**<sup>want</sup>가 있지만 이 책에서는 니즈라는 단어를 사용하여 이야기하겠습니다.

성공하는 기업들은 거래 상대의 니즈를 파악해서 판매합니다. 그런데 니즈는 사람들만 가진 것이 아니라, 기업들이나 정부도 가지고 있습니다. **B2C** 기업이라는 말을 들어보신 적 있으신가요? B2C는 Business to Consumer의 약자로, 기업이 일반 소비자를 상대한다는 뜻입니다. 다른 기업들의 니즈를 충족하기 위해 영업을 하는 기업은 **B2B** 기업, 즉 Business to Business 기업이고요. 정부를 상대로 영업을 하는 기업은 **B2G** 기업, 즉 Business to Government 기업이라고 합니다.

여러분도 잘 알고 있는 글로벌 대기업인 구글의 예를 들어볼까요? 지금이야 구글이 워낙 많은 사업을 하고 있기 때문에 복잡한 구조를 가지고 있지만 처음에 탄생했을 때에는 인터넷 검색 서비스만 제공하고 있었습니다. 그 당시 다른 검색 서비스 기업들은 첫 번째 페이지에 많은 이미지와 광고를 띄웠는데, 인터넷 속도가 느렸기에 로딩에 오랜 시간이 걸렸습니다. 이 점을 사람들이 답답하게 생각하는 것을 본 래리 페이지와 세르게이 브린은 빠르게 검색하고 싶은 마음, 즉 니즈를 파악해서 구글 검색 서비스를 만들게 되었고, 거기에다 연관검색을 빠르게 할 수 있는 알고리즘도 만들었어요.

또 하나의 예로 테슬라를 들 수 있겠습니다. 테슬라는 이산화탄소 배출을 줄이기 위해 각국 정부들이 전기차 제조 기업들에게 많은 지원을 하고 있다는 것을 파악하고서 이러한 각국 정부의 보조금을 활용하여 저렴하게 판매하는 수익 모델을 만들었어요. 사실 전기차는 너무 비싸서 정부 보조금이 없으면 사람들이 사기 힘들거든요. 그래서 2022년 9월에 미국 바이든 정부가 한국산 전기차에 더 이상 미국 정부의 보조금을 제공하지 않겠다고 할 때 심각한 위기로 받아들이기도 했습니다.

마지막으로 기업은 다른 기업의 니즈를 파악하고 충족하기도 합니다. 예를 들어 삼성전자는 반도체를 생산하는데 이 반도체는 휴대전화나 컴퓨터, 기타 여러 장비에 폭넓게 사용됩니다. 삼성전자가 세계적인 대기업이 된 요인 중 하나가 바로 반도체에 들어가는 장비를 생산하는 여러 기업들의 니즈를 제대로 충족 것이지요.

> 우리나라 반도체가 경쟁력이 있는 이유가 뭘까?

그렇다면 여기서 의문점이 생길 수 있습니다. 반도체나 전기차를 삼성전자나 테슬라만 만드는 것도 아니고, 사람들이나 정부 또는 기업들의 니즈를 충족하는 기업이 하나만 있는 것도 아닌데, 구글, 삼성전자, 테슬라는 어떻게 세계적으로 성공한 기업이 되었을까요? 단지 니즈를 충족했다는 것만으로는 잘 이해되지 않을 것입니다.

여기에서 바로 경영학의 가장 중요한 개념인 '경쟁우위'가 등장합니다. 경쟁우위란 다른 기업보다 높은 경쟁력을 의미하는데, 보통 두 가지 방법으로 얻을 수 있습니다. 첫 번째는 제조원가를 낮춰서 이익을 얻는 방법이고, 두 번째는 차별화를 통해 비싼 가격으로 판매하는 방법입니다.

예를 들어 삼성전자는 반도체를 만들 때 다른 기업보다 원가가 낮습니다. 왜냐하면 불량률이 낮기 때문이지요. 만약 다른 반도체 생산 기업보다 불량률이 높다면 이를 보전하기 위해 가격을 올릴 수밖에 없어서 경쟁력도 낮아질 것입니다.

반면에 테슬라는 다른 전기차보다 다소 비싸게 가격을 매기기는 하지만 디자인이나 기술적인 면에서 차별화되어 있습니다. 즉 첫 번째 전기차 제조업체로서 사람들이 기억하는 독특한 디자인을 갖고 있고, 소프트웨어를 자동적으로 업데이트할 수 있는 기술력도 가지고 있지요.

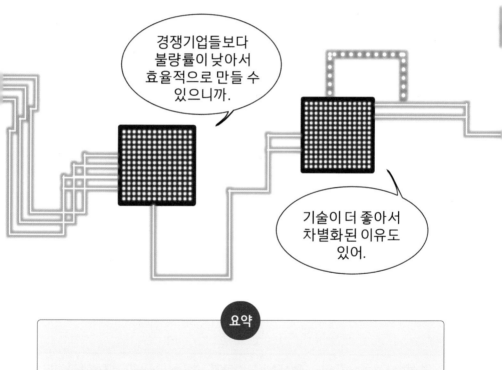

**요약**

거래 상대의 니즈를 파악하고 충족하는 과정에서 다른 기업보다 높은 경쟁우위를 가져야 성공한 기업이 될 수 있습니다.

# 넷플릭스 이야기 : 〈하우스 오브 카드〉의 성공

넷플릭스는 고객의 취향을 저격하는 영화를 추천해주는 알고리즘으로 유명합니다. 이것이 가능했던 것은 전 세계의 영화제작사로부터 고객들이 좋아할 만한 영화들의 라이선스를 확보할 수 있어서입니다. 그런데 다른 OTT에서도 동일한 영화를 가지고 있는 경우가 많아지자 넷플릭스는 점차 독점적인 라이선스를 확보하려 노력하게 되었습니다. 다른 OTT에서는 볼 수 없는 영화를 가지고 있는 것이 차별화도 되고 홍보에도 유리하기 때문입니다.

이 전략의 끝판왕이 바로 자체 제작이었습니다. 넷플릭스가 직접 투자 및 제작한 콘텐츠는 넷플릭스만의 차별적 콘텐츠가 될 수 있습니다. 그런데 이 방식은 돈이 많이 드는 모험이었어요. 특히 넷플릭스가 이 방식을 검토했던 2012년에는 충분한 자금이 확보되지 않았기에 더욱 그랬지요.

이에 따라 넷플릭스는 고객의 취향을 철저하게 파악하고 그에 맞춰 콘텐츠를 제작하는 방식으로 이 위험에 대처했습니다. 그리하여 나온 결과물이 바로 〈하우스 오브 카드〉입니다. 넷플릭스는 방대한 자료를 분석한 끝에 복잡한 인간관계와 암투를 그렸던 영화 〈소셜 네트워크〉의 감독 데이비드 핀처와 냉철하면서도 따뜻한 이미지를 가진 배우 케빈 스페이시가 이 드라마에 가장 어울린다고 사람들이 생각한다는 것을 파악했습니다. 그리고 권모술수, 반전, 빠른 진행 등 사람들이 원하는 매력적인 드라마의 요소들을 곳곳에 배치했죠. 이러한 니즈 파악의 과학은 결국 〈하우스 오브 카드〉, 더 나아가 넷플릭스에 성공을 가져다 줄 수 있었습니다.

# 2

# 기업의 미래를 결정하는 시장 조사

　지난 챕터에서는 니즈와 경쟁우위에 대해 설명했습니다. 여기에서는 니즈를 파악하는 방법에 대해 살펴보기로 하겠습니다.

　소비자, 기업, 정부를 포함한 거래 상대가 어떤 니즈를 가지고 있는가에 대해 조사하는 것을 시장 조사라고 합니다. 보다 구체적으로 말하자면 거래 상대가 어떤 것을, 얼마나, 어떤 가격에 구매할 의사가 있는지 조사하는 것입니다. 이것을 알고 있어야 그에 맞게 제품이나 서비스를 제공할 수 있겠지요. 시장이라는 용어를 사용하는 이유는 거래가 이루어지는 장소가 바로 시장이기 때문인데, 영어로는 **마켓**market이라고 하지요. 그래서 거래가 잘 이루어지도록 하는 모든 활동을 **마케팅**marketing 이라고 합니다.

그렇다면 기업은 어떤 방법으로 시장을 조사할 수 있을까요? 가장 단순한 방법은 상대에게 직접 물어보는 방법일 것입니다. 전화로 물어 볼 수도 있고, 설문지를 나누어 주고 답하게 할 수도 있겠지요. 이 방법을 **1차 자료**를 수집하는 방법이라고 합니다.

그런데 모든 조사를 직접 물어보는 방식으로 한다면 시간이나 돈이 너무 많이 들 수 있는 데다, 직접 물어보기 힘든 경우도 많습니다. 예를 들어 외국의 소비자들을 대상으로 수출을 하려는 기업이 외국에서 수많은 외국인을 대상으로 직접 물어보는 것은 현실적으로 어렵습니다. 또한 반려동물을 대상으로 상품을 판매하려는 기업이 어느 지역에 반려동물이 몇 마리나 있는지 직접 물어보며 조사하기는 힘들 것입니다.

이럴 때 기업은 기존에 이미 준비되어 있는 **2차 자료**를 이용할 수 있습니다. 혹시 인구센서스 또는 인구주택총조사에 대해 들어본 적 있나요? 인구센서스는 5년에 한 번씩 조사원이 여러분의 집에 방문하여 식구가 몇 명인지, 반려동물을 키우는지 등을 물어보는 조사 방법입니다. 이러한 조사를 통해 우리나라에 지역별로 몇 명이 살고 있는지, 가구 수는 어떻게 되는지 등의 통계자료를 만들 수 있고, 연령별 인구나 교육 정도도 알 수 있죠. 정부 이외에도 여러 기관들이 다양한 자료를 정기적으로 조사합니다.

이러한 정보는 특정한 상황에 놓인 기업에게 도움이 됩니다. 물론 사람들의 숫자나 나이나 교육수준만 가지고 사람들의 니즈에 대해 기업이 원하는 모든 정보를 얻을 수는 없습니다. 그러나 여러 정보가 결합되면 훨씬 좋은 정보를 값싸게 얻을 수 있죠. 예를 들어 의류를 생산하는 기업은 기상청의 지역별 연평균 온도 및 인구 자료를 결합해서 추운 지방과 따뜻한 지방에서 각각 판매하려는 의류에 관한 마케팅 계획을 세울 수 있을 것입니다. 또한 다음 시즌에 유행할 색상과 디자인에 대한 정보도 여러 의류 관련 협회에서 나오는 자료로 추정할 수 있습니다. 일일이 물어보지 않아도 2차 자료를 간접적으로 이용하면 추정이 가능하다는 것입니다.

이제 1차 자료와 2차 자료의 조사에 대해 조금 더 깊게 알아볼까요? 먼저 1차 자료에 대해 설명해보겠습니다. 불가피하게 사람들에게 직접 물어보아야 하는 상황의 예를 들자면, 어떤 회사에서 새롭게 과자를 개발하여 이 과자의 맛에 대한 평가를 구한다고 해봅시다. 아무래도 직접 물어보는 것이 좋겠지만, 그렇다고 우리나라의 5천만 국민에게 모두 물어봐야 할까요? 현실적으로 그렇게 할 수 없으므로 적절한 대상을 선정해서 물어봐야 할 것입니다. 즉 시장 조사를 정확하고도 경제적으로 하기 위해서는 기업이 관심을 두는 대상을 정확히 선정해야 합니다. 예를 들어 옷을 구입할 때 디자인을 더 중시하는 사람들도 있을 것이고, 실용성을 더 중시하는 사람들도 있을 것입니다. 이처럼 선호 등 특정한 기준으로 사람들의 집단을 나누는 것을 **시장 세분화**라고 하고, 이 중 기업이 주목하는 시장을 **목표시장**이라고 합니다.

그런데 아무리 세분화된 목표시장이라고 해도 그 시장에 속한 사람들은 수십만 명이 될 수도 있습니다. 여기에서 **무작위 추출**이라는 것이 필요합니다. 목표시장에 있는 모든 사람들에게 물어볼 수는 없으므로 그 중 일부에게만 질문하고 전체의 성격을 추정하는 절차를 거치는 것이죠. 대통령 선거에서 투표 결과를 예측하는 출구조사 방송을 본 적이 있나요? 전 국민의 의견을 묻지 않아도 1,000명 정도의 응답으로도 비교적 정확한 예측을 할 수 있었잖아요. 단, 이때 중요한 조건은 무작위로 선정한 사람들에게 물어봐야 한다는 것입니다.

이제 2차 자료에 대해 조금 더 설명하겠습니다. 예전에는 자동차에 대해서는 자동차협회, 관광에 대해서는 관광협회 등 관련 기관에서 나온 자료를 2차 자료로 주로 이용했습니다. 그런데 최근에는 온라인에 존재하는 엄청난 양의 자료를 이용하는 경우가 많아졌습니다. 바로 **빅데이터**입니다. 신문기사나 SNS 포스팅, 개인 사이의 채팅은 온라인에서 특정 주제에 대한 풍부한 정보를 제공하고 있습니다. 특히 특정 모델의 자동차나 관광 명소에 대한 다양한 관련 검색어를 조사하면 양질의 시장 조사를 수행할 수도 있습니다.

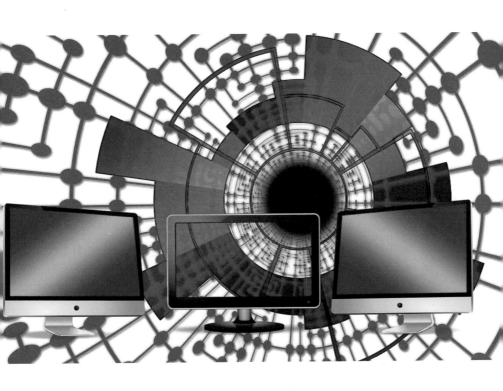

# 3

# 여러 집단으로 나뉘는 소비자

위잉~

기업이 소비자의 니즈를 확인하고 활용하는 것을 돕기 위해 학문적으로 정리된 모델이 있습니다. 이것을 **혁신수용집단모형**이라고 하는데, 이번 챕터에서 설명하겠습니다.

이 모형은 사람들이 새로운 제품을 수용하는 성향에 따라 소비자를 다음과 같이 다섯 그룹으로 구분합니다. 먼저 **혁신자** 또는 선구자는 새로 등장하는 제품이라면 가격이 비싸거나 성능이 입증되지 않아도 다른 사람들보다 먼저 구입하려는 사람들입니다. 소비자가 100명이 있다면 두 명 정도가 이에 해당합니다. 두 번째 그룹은 **조기수용자**라고 불립니다. 혁신자만큼은 아니지만 신상품에 관심이 많고 자신이 이만큼 트렌드에 민감하다는 것을 다른 사람들에게 알리고 싶은 사람들이죠. 혁신자와 조기수용자의 두 집단을 합쳐서 흔히 **얼리어답터**<sup>early adopter</sup>라고 부르기도 합니다.

우리 삼촌은 신상 구입이 취미야.

우와, 얼리어답터시구나.

그 다음으로, 신중하게 구매하는 **조기다수자**가 있습니다. 가격과 효용을 따져서 이득이 되는 경우에 구입한다는 면에서 얼리어답터와 매우 다릅니다. 그래서 조기수용자와 조기다수자 사이에는 큰 골짜기(**캐즘** chasm)가 놓여 있다고 말합니다.

새로운 상품을 개발하는 기업이 캐즘을 건너지 못하면 결국 실패하게 됩니다. 이 때문에 캐즘을 건너는 일은 새로운 상품의 성공에만 중요한 것이 아니라 창업기업의 성공 기준이 되기도 합니다.

**후기다수자**는 새로운 상품이 유행한 다음에 구입하는 사람들입니다. 예를 들어 다른 사람들이 많이 본 영화만 관람하거나 다들 사용하고 있는 상품만 구입하는 것이죠. 그림을 보면 그들은 50% 이상의 사람들이 구매한 이후에 구입한다는 것을 알 수 있습니다.

마지막 그룹은 **지각수용자**라고 하는데 84% 정도의 대부분의 사람들이 사용한 이후에 구입할 수도 있는, 소비에 매우 보수적인 사람들입니다.

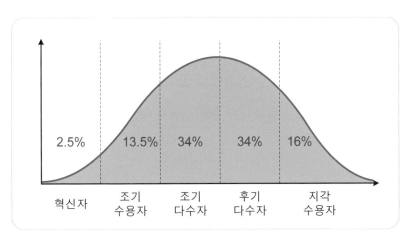

**혁신수용집단모형**

　이 연구결과가 주는 교훈은 무엇일까요?　우리는 흔히 새로운 상품이
나 기업의 성공 요건을 신기함이나 혁신성으로만 여기는 경향이 있습니
다. 사람들의 주의를 끌어야 하기 때문이지요. 그 말도 맞기는 합니다.
그러나 신기함만으로 주의를 끌 수 있는 소비자는 전체의 16%인 얼리
어답터에 불과합니다. 한정된 소비자를 넘어서 캐즘을 넘기 위해서는
가성비를 중시하는 조기다수자의 마음을 사로잡아야 한다는 것이지요.
그렇게 대세로 입증된 후에 후기다수자를 사로잡을 수 있는 것입니다.

그러나 그렇다고 해서 초창기부터 가성비를 강조할 필요는 없습니다. 처음에는 새로움이나 신기함을 강조해야 얼리어답터의 마음을 사로잡을 수 있고, 그것을 기반으로 캐즘을 넘을 수 있기 때문입니다. 그러므로 새로운 상품을 선보일 때에는 시점에 따라 적절한 마케팅 활동을 해야 합니다. 예를 들어 처음에는 사람들의 시선을 사로잡는 파격적인 광고를 하다가 시간이 지나면서 상품의 가치에 대해 설명하는 스토리텔링을 하는 것입니다.

**요약**

혁신수용집단모형에서는 성격이 다른 여러 소비자 집단에 대해 어떤 방식으로 접근해야 하는지에 대해 설명합니다. 처음에는 관심을 끌었던 상품이라도 캐즘을 넘지 못하면 실패할 수 있기 때문이죠.

# 4

# 판매를 촉진하는 기법

지금까지 기업이 성공하는 것에 있어서 소비자의 니즈가 왜 중요한지, 니즈를 어떻게 파악해야 하는지, 그리고 니즈에 따라 소비자의 그룹이 어떻게 나누어질 수 있는지에 대해 배웠습니다. 이제 본격적으로 상품을 판매하기 위해 기업이 어떤 구체적인 방법을 사용할 수 있는지 알아보기로 할까요?

상품을 많이 팔기 위해 가장 먼저 생각할 수 있는 방법은 다른 기업보다 저렴하게 가격을 매기는 것입니다. 사람들은 모두 저렴한 가격을 선호하기 마련이니까요. 그런데 가격을 무조건 낮게 책정하기만 한다면 기업은 당연히 돈을 벌지 못할 것입니다. 그래서 어떻게 해야 낮은 가격으로 보이면서도 기업이 충분히 돈을 벌 수 있는지 그 방법을 찾아야 합니다. 이에 대해 여러 방법들이 고안되었습니다.

첫 번째 방법은 여러분이 자주 보았을 수도 있는 **단수가격정책** odd-pricing입니다. 가격이 9천 9백 원이거나 1만 9천 원인 상품을 봤을 때, 여러분은 왜 가격을 그냥 1만 원이나 2만 원을 매기지 않았을까 궁금하지 않았나요? 이렇게 100원이나 1,000원만큼만 낮게 가격을 매기면 소비자들은 상품의 가격은 1만 원대가 아니라 9천 원대로, 2만 원대가 아니라 1만 원대로 인식하게 됩니다. 다른 상품들이 1만 원이 넘는데 이 상품만 9천 원대라면 상대적으로 저렴하게 느껴지는 것이지요.

두 번째 방법으로 **묶음가격정책**<sup>bundling pricing</sup>을 들 수 있습니다. 생수같은 제품들은 하나만 구입할 때보다 12개씩 구입할 때 개당 가격이 저렴하다고 느끼게 됩니다. 즉 소비자들이 묶음 상품으로 저렴하게 구입할 수 있다고 생각하게 만들어 더 많은 돈을 쓰게 하는 것이지요. 이 묶음가격은 동일한 제품에만 해당되는 것은 아닙니다. 가령 인터넷과 스마트폰, 케이블 요금 등을 결합하면 각각 지불하는 것보다 저렴한 요금을 내지요. 또한 면도기와 면도날, 캡슐커피기계와 캡슐, 프린터와 토너 등처럼 사용 과정에서 묶여서 사용되는 것도 묶음가격의 예시입니다. 이 경우 면도기, 캡슐커피기계, 프린터 등 본체에 해당되는 상품을 아주 저렴하게 판매해서 그 이후에 사용되는 소모품의 판매를 유도합니다. 이 모델을 면도기와 면도날 모델<sup>razor and blade model</sup>이라고 부르기도 합니다.

세 번째로 초기에는 저렴한 가격을 매겨 사람들이 사용하게 한 다음 나중에 가격을 높이는 방법이 있는데 이것을 **시장침투가격정책**penetrating pricing이라고 합니다. 어떤 제품에 익숙해지면 다른 것으로 바꾸기 귀찮기 때문에 다소 가격이 오르더라도 계속 사용하는 경향이 있거든요.

물론 판매를 촉진하는 방법에 가격정책만 있는 것은 아닙니다. 가장 익숙한 것은 광고를 이용하는 것입니다. 광고를 통해서 소비자들이 어떤 상품에 익숙해지고 믿을 수 있게 되면 가격이 다소 비싸더라도 구입하게 됩니다. 그래서 기업은 높은 모델료를 주면서 유명한 연예인을 광고에 많이 등장시키는 거죠.

가장 쉽게 광고를 할 수 있는 매체로는 신문이나 잡지 등 인쇄물, 라디오, TV 그리고 옥외 간판이 있습니다. 이것을 전통적인 **4대 매체**라고 합니다. 그러나 최근 인터넷 기술이 발전하면서 유튜브, 블로그, 틱톡 등의 매체에도 많은 광고가 등장하고 있습니다. 각각의 매체는 고유한 특성이 있기 때문에 상품의 종류에 따라 효과적인 매체가 다를 수 있습니다. 예를 들어 가구나 집처럼 상품처럼 가격이 비싸고 오랫동안 생각해서 구매를 결정하는 경우에는 많은 정보를 지속적으로 제공할 수 있는 인쇄광고가 효과적입니다. 반면에 저렴하고 흥미 위주로 소비하는 제품들은 눈길을 끌기에 효과적이고 클릭 한 번으로 구매할 수 있는 인터넷 광고가 효과적입니다.

인터넷 광고는 특히 광고가 가져오는 매출 효과를 측정하기에 좋습니다. 예를 들어 **CPM**<sup>Cost Per Mille</sup>은 1,000번 노출되는 것에 소요된 비용을, **CPC**<sup>Cost Per Click</sup>는 클릭당비용을 의미하는데 이것은 인터넷 광고예산을 세우는 것에 필요한 자료들입니다. **구매전환율**<sup>conversion rate</sup>은 구매횟수를 클릭 수로 나누어서 구할 수 있죠. 이처럼 우리가 인터넷을 사용하다가 무심코 클릭해서 어떤 제품을 검색하거나 구매하는 경우 인터넷 광고를 클릭한 활동이 모두 기록되는데 기업은 이 자료를 활용할 수 있는 것입니다.

### 요약

기업이 활용할 수 있는 여러 판매 기법은 실제로 매출을 높일 수 있습니다. 적절한 가격정책이나 광고 수단을 선택하는 것은 소비자의 구매를 촉진할 수 있습니다.

Management

Business Intelligence

IT FIN TECH

Governance

BIG DATA

Information

Governance

Management
FIN TECH
Business
Intelligence
Governance
BIG DATA
Information
Governance

제 **2** 장

# 자금의 흐름

**"** 돈은 어디에서 와서 어디로 가는가 **"**

1. 기업은 필요한 자금을 어떻게 마련할까
2. 기업은 번 돈을 어떻게 사용해야 할까
3. 기업의 건강 체크
4. 주식시장은 어떻게 움직이는가

드라마에서 보면 기업이 부도가 나서 주인공들이 어려움을 겪는 경우를 종종 보게 됩니다. 또는 주변에서 창업을 한 분들이 사업 자금이 부족하다고 말씀하시는 것을 보기도 합니다. 기업은 돈을 버는 조직이자 동시에 돈을 투자하는 조직입니다, 즉 자금을 얼마나 잘 관리하는가에 따라 기업이 효율적으로 운영되고 돈을 잘 벌게 되는 것입니다. 자금을 관리하는 방법은 자금 조달을 잘하는 방법과 자금 운용을 잘하는 방법으로 나눌 수 있습니다.

# 1

## 기업은 필요한 자금을
## 어떻게 마련할까

기업을 운영하기 위해서는 자금이 필요합니다. 일하는 사람들을 위해 매달 월급을 주어야 하고, 상품을 만들기 위해 원자재를 사 와야 합니다. 또 상품을 알리기 위해 광고비를 지출하고, 사무실 임대료도 내야 합니다. 그래서 경영자는 자금 조달 때문에 항상 고민에 빠져 있기 마련입니다.

그러면 이러한 자금은 어디에서 구할 수 있을까요? 물론 가장 쉬운 방법은 상품을 판매하여 돈을 버는 것입니다. 기존의 매출이 많으면 그것을 모아두었다가 사용하면 됩니다.

그런데 기존의 매출이 없는 창업 기업은 어떻게 해야 할까요?

여기에는 두 가지 방법이 있습니다. 첫 번째는 은행 등에서 대출을 받는 것입니다. 즉 빚을 지는 것이지요. 대출을 받기 위해서는 보통 담보를 걸거나 보증인을 세우게 됩니다. 이것은 언젠가 갚아야 하는 자본이라고 해서 **타인자본**이라고 부릅니다.

두 번째는 투자를 받는 것입니다. 투자를 받으면 나중에 갚지 않아도 되지만 그 대신 기업의 소유권 일부를 주게 됩니다. 이는 동업과 같은 개념인데 이를 통해 구하는 자본을 **자기자본**이라고 부릅니다. 담보나 보증인이 없어도 다른 사람들이 투자를 하는 이유는 사업의 아이디어가 좋고 경영자의 능력이 좋아서 성공할 것으로 보여서입니다.

사실 대출이나 투자는 창업 기업만 받는 것은 아닙니다. 업력이 오래된 기업들도 추가 자금이 필요하면 대출이나 투자를 통해 자금을 조달합니다. 회사에서 가지고 있는 자금으로 경영하는 것보다 더 큰 이익을 기대할 수 있을 때에는 과감하게 외부에서 타인자본이나 자기자본을 통해 자금을 조달하는 것입니다.

그런데 이렇게 조달한 자금에는 비용이 들지 않을까요? 당연히 자금을 사용한 것에 비용을 지불해야 합니다. 그 비용이 낮으면 기업의 이익이 커지고, 비용이 높으면 기업의 이익이 줄어들거나 손실이 발생하게 됩니다. 어떤 경우에는 이러한 비용이 너무 커서 기업이 도산하는 경우도 생깁니다. 그러므로 자금 조달에 따른 비용을 최소화하는 것은 기업이 상품을 잘 판매하는 것만큼이나 중요한 일입니다.

먼저 타인자본, 대표적으로 말해서 은행으로부터 받은 대출금에 대한 비용은 무엇일까요? 바로 대출이자입니다. 개인이 집을 사기 위해 대출을 받으면 매달 이자를 내야 하듯이 기업도 이자를 내야 합니다. 그런데 기업은 은행에서 **대출**<sup>loan</sup>을 하는 것 이외에도 별도로 **회사채**<sup>bond</sup>라는 금융상품을 발행해서 자금을 조달할 수 있습니다. 물론 회사채의 경우에도 이자를 지급해야 합니다.

우리 회사채는 이자율이 높아요.

회사 사정이 안 좋군.

자기자본을 사용하는 경우 비용은 어떻게 발생할까요? 기업은 자금 조달을 위해 주식을 발행할 수 있습니다. 기업이 미래에 성장할 것으로 기대되면 주가가 높고, 그렇지 않을 것으로 예상되면 주가가 낮습니다. 기업에 대해 기대하는 성장률이 주식의 가치에 영향을 미치게 되는 것입니다. 즉 기업이 투자자에게 양도하는 지분의 가격이 바로 자기자본의 비용입니다.

결론적으로 기업이 조달하는 자금의 총 비용은 타인자본의 비율만큼의 비용과 자기자본의 비율만큼의 비용의 합인데, 이것을 **가중평균자본비용**이라고 합니다. 가중평균자본비용이 기업의 수익성보다 낮을수록 이 기업은 더 큰 돈을 벌 수 있다고 평가됩니다.

## 시바견 이야기 : 금과 지폐와 가상화폐는 어떻게 다를까?

인류의 역사에서 화폐의 진화 과정을 살펴보는 것도 흥미로운 일입니다. 어떤 물품을 다른 물품과 교환하기 위해서는 특정한 기준이 필요했는데, 기원전 4,000년부터 그 기준으로 주변에서 찾기 쉬운 쌀이나 가축 등이 사용되었습니다. 그런데 쌀이나 가축 등은 무한정 보관할 수 없어서 불편했으므로 오랫동안 저장이 가능한 조개껍데기나 돌이 사용되기도 했습니다. 또한 부패되지 않는 가장 보편적인 화폐로서 금과 은이 사용되었는데, 아마도 인류가 본능적으로 이러한 귀금속의 광채를 사랑했기 때문인 것으로 보입니다.

그런데 금과 은 등은 채굴을 해야만 그 양을 늘릴 수 있었습니다. 한마디로 국가가 정책적 판단에 의해 통화량을 조절할 수 없었던 것입니다. 1940년대에는 국가가 찍어내는 지폐의 양을 그 국가가 가지고 있는 금만큼으로 한정했는데, 전쟁처럼 국가가 큰 자금을 필요로 하는 시기에 통화량을 조절할 수 없는 것은 불편한 일이었습니다. 이에 국가가 보유한 금의 분량과 관계없이 돈을 찍어낼 수 있도록 합의가 이루어졌고, 이때 통화의 가치는 국가가 보증하도록 했습니다. 그 대신 어느 국가가 너무 많은 돈을 찍어내면 국제적으로 그 나라의 통화의 가치가 하락하게 됩니다. 바로 환율이 이 기능을 하는 것입니다.

그런데 2009년에 가상화폐가 등장했습니다. 가상화폐는 광물도 아니면서 컴퓨터를 이용한 채굴에 의해 생산됩니다. 가상화폐의 소유권은 블록체인 기술에 의해 보증되지만 그 가치를 정부가 보증해 주지 않습니다. 심지어 특정 가상화폐의 가치는 사람들의 기대에 의해 코인 시장에서 결정됩니다. 그 때문에 가상화폐의 하나인 도지코인의 경우 일론 머스크가 2021년에 의도적으로 관심을 보이자마자 그 가치가 800%나 뛰었고, 2023년에는 트위터의 로고를 도지코인의 마스코트인 시바견으로 잠시 바꾸자마자 30% 급등했습니다. 이 때문에 사람들은 가상화폐의 가치를 조작한다는 이유로 일론 머스크를 강하게 비판하기도 했습니다. 누구의 잘못이든, 시바견의 책임은 아니겠지요!

**요약**

기업은 은행 대출이나 회사채 발행을 통해 타인자본을 조달하거나 주식 발행을 통해 자기자본을 조달하는 방법을 이용하여 경영에 필요한 자금을 마련할 수 있습니다. 이때 자금을 조달하기 위해 지불하는 총 비용을 가중평균자본비용이라고 합니다.

# 2

# 기업은 번 돈을
# 어떻게 사용해야 할까

　기업은 돈을 벌면 어떻게 사용하게 될까요?  사장님이 모두 가져가거

나 직원들에게 모두 나누어 주지는 않을 것입니다. 국가에 세금도 내야

하고, 투자자들에게 배당도 주어야 하고, 새로운 설비에 투자하거나 원

재료를 구입하는 것에도 돈을 써야 하니까요.

　이러한 비용 지불 말고도 기업이 자금을 사용하는 방법은 아주 다양

한데, 그 중 하나가 벌어 놓은 돈의 가치를 지키기 위해 자금을 관리하는

일입니다.

　이게 무슨 의미인지 이해하기 위해서 수출을 주로 하는 기업의 예를

들어볼까요? 기업이 외국에 상품을 수출하면 대개 상품이 현지에 도착한 다음 그 대금을 받게 됩니다. 원화보다는 외국의 화폐로 받을 때가 많죠. 대부분의 경우 국제적인 통화인 달러화로 받게 됩니다.

하지만 환율은 항상 변동합니다. 예를 들어서 1달러에 1천 원의 환율일 때에 1백만 달러 가치의 상품을 판매하여 판매 대금을 바로 받았다면 10억 원을 받게 됩니다. 그런데 판매 대금을 한 달 뒤에 받기로 했는데 그동안 환율이 1달러에 9백 원으로 변동한다면 어떻게 될까요? 원화 가치가 상승한 경우 한 달 뒤에 받은 1백만 달러를 원화로 환산하면 9억 원 밖에 되지 않습니다. 원화의 가치가 상승한 만큼 달러화의 가치가 하락했기 때문에 1백만 달러의 수출을 했던 이 기업은 환율이 변동하지 않았을 때와 비교하여 1억 원의 손실을 보게 되는 것입니다.

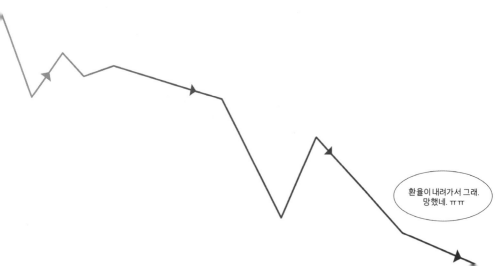

기업의 입장에서 이 손실은 매우 억울할 것입니다. 열심히 상품을 만들어서 내는 이익을 환율과 같은 외부의 불확실성으로 인해 잃게 되는 것이니까요. 이렇게 실적이 아주 우수한 기업들이 환율 변동으로 인해 도산하는 경우가 종종 있습니다.

이 불확실성을 제거하기 위해선 어떻게 하는 게 좋을까요? 기업은 보유하고 있거나 보유할 예정인 자금의 운용을 통해 이러한 상황을 막을 수 있습니다. 위와 같은 상황이 일어나는 것을 방지하기 위해서 기업은 한 달 후에 1백만 달러를 달러당 1천 원의 환율의 원화로 바꿀 것을 미리 계약할 수 있습니다. 미래에 벌어들일 달러화를 사용하여 원화를 미리 구매하는 것입니다. 이러한 거래를 **선물**<sup>futures</sup> 거래라고 합니다.

이 거래를 통해 한 달 후 기업이 1백만 달러를 받아 미리 약속한 10억 원으로 바꾸면 계약으로써 환율이라는 불확실성을 회피한 것입니다. 이것을 **헤지**<sup>hedges</sup>라고 합니다.

수출이나 수입을 하는 기업들은 이러한 환율 변동의 위협에 항상 노출되어 있습니다. 하지만 무역과 관련이 없는 기업들도 보유하고 있는 자산의 가치가 변동할 수 있는 불확실성에서 자유로울 수 없습니다. 예를 들어 부동산을 많이 보유하고 있는 기업은 부동산 가격이 하락하면 큰 손실을 볼 수 있고, 주식을 많이 보유하고 있는 기업은 전반적으로 주가가 하락할 때 큰 손실을 입습니다. 그래서 실적이 우수한 기업이라도 다양한 경제적 환경 변화로 인해 도산할 수 있습니다. 기업이 자금을 현명하게 운용해야 하는 이유가 바로 여기에 있습니다.

앞에서 설명했던 선물 거래는 외화만이 아니라 금이나 은 등의 광물, 커피 등 농산물에도 해당됩니다. 워낙 거래가 빈번하기 때문에 마치 주식시장에서 주식이 거래되는 것처럼 일정한 시장에서 반복적으로 거래되는 특성을 가지고 있습니다. 하지만 거래가 빈번하지 않은 대상에 대해서도 기업들이 1대 1로 계약을 맺을 수 있습니다. 예를 들어 어느 기업이 보유하고 있는 어음을 1달 후에 특정 기업에게 특정 가격으로 판매하겠다는 거래를 두 기업이 1회성으로 맺는 것입니다. 이러한 거래를 **선도**forwards 거래라고 합니다.

마지막으로 옵션 거래에 대해 알아봅시다. 선물 거래나 선도 거래는 미래 시점에 이루어지는 확정된 거래인데, 이와 대조적으로 어느 한 편이 거래의 선택권을 가지고 있는 거래도 있습니다. 이것을 **옵션**option 이라고 합니다. 특히 미래의 어느 시점에 거래 상대로부터 특정 자산을 특정 가격에 구매할 수 있는 권리를 **콜**<sup>call</sup> 옵션이라고 하고, 거래 상대에게 판매할 수 있는 권리를 **풋**<sup>put</sup> 옵션이라고 합니다. 이러한 옵션들은 위에서 설명했던 선물 또는 선도 거래와 비교하여 기업에게 더 큰 선택권을 줄 수 있습니다.

물론 이러한 자금 운용의 방법들은 비용을 수반합니다. 경제적 환경 변동의 불확실성을 회피하는 대신 일정한 비용을 지불하는 것이지요. 이러한 비용을 지불하고도 자금 운용의 기법을 사용하는 것은 큰 손실을 회피하는 훌륭한 방법이 됩니다.

요약

기업은 보유하고 있는 자금의 가치를 극대화하기 위해 **선물거래, 선도거래, 옵션** 등을 사용할 수 있습니다. 이러한 재무적 기법은 불확실한 경제적 환경을 극복할 수 있는 수단이 됩니다.

# 3

# 기업의 건강 체크

요즘 출시되는 스마트워치는 워치를 착용한 사람의 심박수나 혈중 산소 농도 수치를 액정화면에 표시해줍니다. 이용자의 건강 상태를 숫자로 보여주어 파악하기 쉽게 해주는 것이지요. 만일 이 수치들이 정상 수준에서 벗어나면 병원에 가서 의사 선생님을 만나게 됩니다. 그러면 청진기로 진맥도 하고 목도 들여다보면서 좀 더 구체적인 검진을 하게 됩니다.

기업도 이와 비슷합니다. 스마트워치처럼 기업의 건강을 체크할 수 있는 가장 기본적인 수치가 있는데, 이것이 바로 회계정보입니다. 회계 정보는 기업의 자산이나 부채 등 현재의 재무적 상태를 보여주는 한편 일정 기간의 매출이나 이익 등 수익성을 보여줍니다. 이 숫자들이 만드는 여러 비율들이 기업의 건강 상태를 체크할 수 있는 수치들을 만들어 내는 것입니다.

예를 들어 내 몸의 지방과 몸무게의 비율 또는 근육과 몸무게의 비율을 알면 다른 사람들과 비교했을 때 내 몸이 어떤 상태인지 알 수 있잖아요? 마찬가지로 기업의 부채와 자본의 비율 또는 순이익과 자산의 비율 등을 알면 그 기업이 다른 기업과 비교하여 얼마나 안정적으로 경영되는지 또는 그 기업의 수익성이 얼마나 높은지에 관한 정보를 얻을 수 있습니다. 이 외에도 매출액과 자산의 비율 또는 주가와 이익의 비율을 보면 그 기업이 다른 기업에 비해 얼마나 활동적인지, 그 기업의 주가가 이익에 비해 얼마나 높은지도 알 수 있습니다.

그런데 이러한 비율은 왜 중요할까요?  여기에는 두 가지 이유가 있습니다. 첫 번째 이유는 이러한 비율을 통해 일반 대중이 기업의 상태를 비교적 정확히 파악할 수 있다는 것입니다. 특히 주식을 투자하는 사람들이나 각종 정책을 결정하는 정부는 기업들에 대해 정확한 정보를 알 필요가 있습니다. 그런데 만약 건강하지 않은 기업이 외부에는 건강하다고 거짓으로 발표한다면 투자자들이나 정부가 큰 손실을 입을 수도 있습니다. 회계정보를 고의로 왜곡해서 이득을 보려는 것을 **'분식회계'**라고 부르는데 이는 중대한 경제 범죄로 간주됩니다.

두 번째 이유는 경영자가 내부적으로 기업을 효과적으로 경영하기 위해서입니다. 경영자는 현재 자신들이 경영을 잘하고 있는지 파악하기 위해 회계정보를 기반으로 하여 내부 분석을 합니다. 이를 위해 많은 기술적 진보가 이루어졌습니다. 예를 들어 예전에는 기업이 상품을 판매하면 종이에 손으로 적어 계산을 해야 했습니다. 하지만 POS<sup>Point of</sup> <sup>Sales</sup> 시스템이 개발된 이후에는 바코드를 읽기만 하면 판매되는 상품의 가격을 비롯한 다양한 정보가 순식간에 기록되어 회계정보가 저장됩니다. 즉 글로벌 기업의 매출도 실시간으로 파악할 수 있게 된 것이지요. 이러한 정보를 통해 경영자는 수시로 기업의 상태를 파악하여 더 나은 의사결정을 할 수 있게 됩니다.

이번에는 회계정보와 관련하여 기업의 세금 납부에 대해 알아보기로 하지요. 세금은 쉽게 설명하면 벌어들인 돈의 일정 부분을 정부가 징수하는 것입니다. 국방이나 치안 또는 복지 정책을 위해 납세의 의무는 절대적으로 준수되어야 하고 격려되어야 합니다. 매년 성실한 납세자를 선정하여 표창하는 것이 이러한 이유입니다.

그러나 기업의 입장에서는 법의 테두리 내에서 세금을 적게 납부하는 것이 최선일 것입니다. 왜냐하면 이는 기업의 이익과 직결되기 때문입니다. 게다가 기업이 세금을 과다하게 납부하는 바람에 성장의 동력을 잃게 된다면 지속적으로 세금을 거두어야 하는 정부의 입장에서도 바람

직하지 않습니다. 그래서 세금과 관련된 제도와 정책은 기업의 성장을 돕는 방향으로 세심하게 집행됩니다.

그 중 하나가 **감가상각**이라는 제도입니다. 감가상각은 건물과 같이 시간이 지남에 따라 노후하여 가치가 감소하는 자산을 기업이 가지고 있는 경우, 가치의 감소분을 적절히 비용으로 처리하게 하는 제도입니다. 비용 처리가 되면 기업은 그만큼 세금을 덜 내게 됩니다. 감가상각을 하는 방법에는 여러 가지가 있는데, 기업은 그 방법들 중에서 자신에게 가장 유리한 방법을 선택하여 적용할 수 있습니다. 그러나 세금을 회피하기 위해 고의적으로 감가상각 방식을 마음대로 바꾸는 것은 법으로 금지되어 있습니다.

---

### 요약

사람이 건강 상태를 체크하기 위해 여러 건강 수치를 사용할 수 있듯이 기업의 건강 상태를 알아보기 위해 여러 회계정보를 사용할 수 있다는 것을 알아보았습니다. 우리는 이 회계정보를 통해 기업의 안정성, 수익성, 활동성, 주가수익성 등을 알 수 있습니다. 이렇게 회계정보는 외부에 기업의 정보를 알려주는 기능을 할 뿐 아니라 내부적으로 경영자가 올바른 의사결정을 할 수 있도록 하는 기능도 합니다.

# 4

# 주식시장은 어떻게 움직이는가

코로나 시대가 시작되었을 때 많은 사람들은 주가가 전반적으로 크게 하락할 것을 우려했습니다. 경제 활동이 위축되어 소비가 줄고 그에 따라 기업의 실적이 하락할 것으로 예측되었기 때문입니다. 물론 초기에는 예상했던 것처럼 소비재나 여행 등의 종목을 중심으로 주가가 크게 하락했습니다. 그러나 세계 각국 정부의 경제 지원 정책이 시작되면서 주식시장은 활기를 되찾았습니다. 즉 주가가 다시 오른 것이지요. 경제 활동은 여전히 위축되어 있었는데 주가는 왜 올랐을까요?

답은 매우 단순합니다. 세계 각국 정부에서 푼 경제 지원금이 주식시장으로 몰렸기 때문입니다. 뿐만 아니라 창업기업에 대한 벤처투자에도 많은 돈이 몰렸습니다.

시간이 지나고 코로나 사태가 안정되자 이제 사람들은 지금까지 풀린 막대한 자금이 물가상승을 불러올 것을 우려했습니다. 그래서 추가적인 대출을 어렵게 만들기 위해 이자율을 올리게 되었고, 그 결과 주식시장에 공급되는 돈이 줄어들고 주가가 하락하는 현상으로 이어졌습니다. 더구나 벤처기업에 대한 투자액도 현저히 줄어들었죠. 코로나 사태가 안정되고 있음에도 말이지요.

기업의 주가는 기본적으로 그 기업이 미래에 얼마나 성장할 수 있는 가에 대한 기대로 결정됩니다. 생각해보세요. 어느 기업이 미래에 큰 돈을 벌 것으로 예상되면 그 기업의 가치가 올라갈 것입니다. 이때 다른 사람들보다 먼저 그 기업의 주식을 구입해 두는 것이 이득이겠죠? 하지만 어느 한 면만 보고 결정할 수는 없습니다. 주가는 수많은 요인에 의해 영향을 받으니까요. 이번에는 주가에 영향을 미치는 요인들에 대해 살펴보기로 하지요.

먼저 주가는 이자율의 영향을 받습니다. 이자율이 상승하면 주식 투자에서 위험을 감수하는 것보다 은행에 저축하여 안정적인 수익을 얻는

편이 유리하게 됩니다. 그래서 주식시장에 참여하는 자금이 감소하여 주가가 하락하게 됩니다.

주가는 환율의 영향도 받습니다. 주식시장에 외국인 투자자가 많이 있다면 환율이 오를 때, 다시 말해 원화가치가 하락할 때 한국 주식시장에 투자한 외국인들이 주식을 팔아서 외국 화폐로 환전할 때에 손해를 입게 됩니다. 물론 국내 기업들이나 개인들도 주식 시장에 투자한 자금을 빼내어 외국 화폐로 환전하려 할 수 있습니다. 그 결과 주식시장에서 자금이 빠져나가며 주가가 하락하게 되는 것입니다.

주가는 기업의 활동을 자극하거나 위축시킬 수 있는 전반적인 요인에도 영향을 받습니다. 예를 들어 원유나 구리 등 여러 산업에 폭넓은 파장을 미치는 원자재 가격이 상승하면 세계 경제 성장에 장애가 될 것으로 예측되어 전반적으로 하락합니다. 특히 특정 원자재와 직접적으로 관계가 있는 개별 기업의 주가는 더 크게 영향을 받을 수 있습니다.

또한 주가는 다른 투자 대안들의 매력도에 따라 영향을 받습니다. 앞에서 이야기한 이자율은 일반적인 은행 저축에서 얻을 수 있는 수익과 관련되어 있었는데, 이 밖에도 다른 투자 대상, 예를 들어 부동산의 가격이 가파르게 상승하는 경우 투자 자금이 그쪽으로 몰리면서 주식시장의 자금이 빠져나가고 그 결과로 주가가 하락하게 됩니다.

이러한 이자율, 환율, 원자재 가격, 대체투자 자산의 가격 등은 특정 기업의 미래 수익성과 직접적인 관련이 없는 것처럼 보입니다. 하지만 국가 경제와 시장 전체에 영향을 미치는 경우도 종종 발생합니다. 예를 들어 원화와 달러화 간의 환율의 변동은 미국과 무역을 하는 기업들의 주가에만 영향을 미치는 것이 아니라 그 기업들과 거래하는 기업들의 가치에도 영향을 미치게 됩니다. 이 영향은 주식시장 전체로 퍼질 수 있습니다.

경제 전체가 아니더라도 에너지, 자원, 소비재 등의 가격이 변동되는 경우 경제 특정 분야의 호황과 불황에 영향을 미치기도 합니다. 그래서 사람들은 개별 기업만을 대상으로 하는 것이 아니라 여러 기업의 주가를 묶어서 **펀드**<sup>fund</sup>라는 단위로 투자할 수 있는 금융상품을 만들었습니다. 앞에서 화폐가치로 인해 주가가 변동된다는 이야기를 했었죠? 국가의 화폐가치나 특정 국가의 경제의 호·불황을 대상으로 투자할 수 있는 **상장지수펀드**<sup>ETF: Exchanged Traded Fund</sup> 라는 상품도 존재합니다. 즉 주가나 환율, 원자재 가격 등을 기본으로 해서 다양한 조합으로 사람들이 가격의 흐름을 예측하여 투자할 수 있는 상품들을 가리키는 것입니다. 우리는 이것을 종합적으로 **파생상품**이라고 부릅니다.

요약

주식시장은 기본적으로 개별 기업의 미래의 수익성에 대한 예측을 기반으로 움직이고 있습니다. 동시에 이자율, 환율, 원자재 가격, 대체투자 자산의 가격 등 여러 기업의 미래 수익성에 영향을 미치는 요인들로 인해 영향을 받습니다. 이러한 관련성을 잘 파악하면 여러 파생상품에 대한 투자를 통해서도 좋은 투자수익을 얻을 수 있겠죠?

Management
Business Intelligence
IT
FIN TECH
Governance

BIG DATA

Information
Governance

Management
FIN TECH
Business
Intelligence
Governance
BIG DATA
Information
Governance

# 제 3장

# 생산과 운영

**" 생산성이 답이다 "**

기업은 종종 뼈를 깎는 효율성 추구를 통해 큰 부를 창출합니다. 비용 절감을 통해 생산의 효율성을 높이는 것은 개별 기업의 수익성을 높일 뿐만 아니라 사람들이 필요한 상품을 저렴하게 구입할 수 있게 하여 사회 전반의 복지 수준을 높여줍니다. 또한 동일한 상품을 생산하는 것에 소요되는 자원의 소비를 줄여서 환경 보호에도 중요한 역할을 할 수 있습니다.

# 1

# 컨베이어 시스템이 가져온
# 놀라운 변화

우리나라에는 농촌진흥청이라는 행정기관이 있는데, 이 기관의 역할 중 하나는 농작물의 품종을 개량하여 수확량을 증대하는 연구를 하는 것입니다. 예를 들어 더 많은 낱알이 열리면서도 병충해에 강한 벼 품종을 개발하는 것 등이지요. 이러한 연구는 농민의 소득 증대에 매우 중요한 기여를 했을 뿐만 아니라 우리나라의 식량 자립에도 큰 공헌을 했습니다.

기업이 수행하는 연구개발 활동도 이와 유사한 점이 있습니다. 물론 기업은 정부부처와 달리 영리 추구를 목적으로 연구하고 개발합니다. 생산성을 높이면 이윤을 더 낼 수 있고 기업의 주주나 직원, 경영자 등에게 직접적으로 이득이 됩니다. 그런데 과연 그 뿐일까요? 기업이 연구개발을 통해 생산의 효율성을 높이면 그 이득이 사회 전반의 이익으로 연결되는 경우가 종종 있습니다. 이러한 예를 들 때에 빠지지 않고 등장하는 기업이 미국의 자동차 제조기업인 포드입니다. 포드사는 어떻게 사회 전반의 이익에 공헌하게 되었을까요?

포드사는 1913년에 자동차 생산 공장에 컨베이어 시스템을 적용합니다. 이전에는 자동차를 조립하기 위해 고정된 자동차에 사람들이 와서 작업을 해야 했어요. 그런데 이 과정대로 하면 몸체 조립에 12시간이 넘게 걸렸습니다. 그러자 포드는 자동차를 일정한 속도로 컨베이어 위에서 이동하게 하고, 사람들이 컨베이어 옆의 고정된 위치에서 자신이 많은 부분을 반복적으로 작업하게 하면 작업의 효율성이 훨씬 높아진다는 생각을 떠올렸습니다. 이것이 바로 컨베이어 시스템이라고 불리는 생산 작업 방식이었습니다. 포드사는 이 시스템을 도입하면서 동일한 조립 과정을 2시간 40분으로 단축할 수 있었습니다.

컨베이어 시스템이 가져온 결과는 어땠을까요? 당연하게도 기업의 성과가 급격히 좋아졌습니다. 1913년 말에 포드사는 미국 내 자동차 시장의 절반을 점유하게 됩니다. 그 당시 자동차 가격은 2천 달러에서 3천 달러였는데 컨베이어 시스템으로 생산된 모델 T라는 자동차는 제조원가를 대폭 하락시켜서 가격을 850달러까지 낮출 수 있었어요. 그러니 다른 차에 비해 판매가 증가할 수밖에 없었지요.

소비자의 입장에서 바라보면 어떨까요? 자동차의 가격이 비싸서 구입하지 못했던 사람들도 이제 자동차를 가질 수 있게 되었습니다. 덕분에 삶의 질이 매우 좋아졌죠. 이전에는 부자만 탈 수 있었던 자동차를 이제 좀 더 많은 사람들이 구입할 수 있게 되었으니까요. 얼마나 저렴했냐하면 그 당시 일반 노동자의 두 달치 월급으로 포드의 자동차를 구입할 수 있었다고 합니다.

자동차가 대중화되면서 그에 따른 산업도 발전했습니다. 자동차의 효율성이 중요해지면서 도로 포장이 이루어지고 많은 주유소가 설치되었습니다. 그리고 자동차 부품 생산과 수리를 위한 직업들도 새로 생겨났어요.

마지막으로, 포드에서 일하는 직원들의 복지가 좋아졌습니다. 1914년에 포드사는 평균 2달러를 조금 넘었던 그 당시 근로자의 임금을 2배로 인상하고 노동 시간을 9시간에서 8시간으로 줄이는 정책을 발표했습니다. 컨베이어 시스템으로 기업의 생산성이 향상되고 이익이 늘자 그 자원을 활용하여 우수한 노동자에게 더 높은 보수를 지급하는 정책을 펼 수 있게 된 것입니다. 이러한 정책이 영향을 미쳐 다른 기업들도 최저임금 5달러를 도입하게 되었습니다.

헨리 포드,
1863~1947

최저임금제는
정부가 주도해야
하지요?

맞아요.
하지만 기업도
중요한 역할을
합니다.

만약 포드사가 컨베이어 시스템으로 향상된 수익을 활용하여 자동차의 가격을 낮추거나 근로자의 임금을 올리는 것에 사용하지 않았다면 어떤 일이 일어났을까요? 먼저 자동차 판매가 크게 늘지 않으면 대량 생산이 가능한 기술을 충분히 활용할 수 없기 때문에 기업의 이익을 높일 수 없었을 것입니다. 또한 높은 임금으로 우수한 근로자를 채용할 수 없었으므로 아무리 좋은 컨베이어 시스템을 사용한다고 해도 효과적으로 운영할 수 없었겠죠. 그래서 포드사가 컨베이어 시스템을 활용하여 성공하기 위해서 자동차의 가격을 낮추고 근로자의 임금을 상승시키는 것은 매우 효과적인 성공 전략이었다고 할 수 있습니다. 또한 결과적으로 이 선택은 사회 전체에 좋은 영향을 끼쳤습니다.

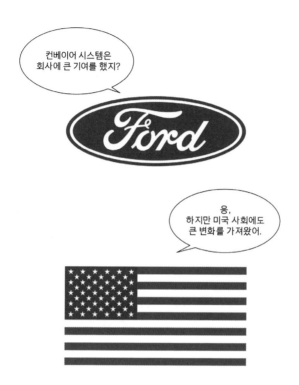

# 가오갤 이야기 : 로켓은 왜 탄생했는가?

〈가디언즈 오브 갤럭시〉 시리즈는 2014년에 개봉한 1편을 시작으로 2023년에 3편으로 막을 내린 마블의 슈퍼히어로 SF 영화입니다. 낙오자나 다름없던 히어로들이 한데 모여 '우주의 수호자'로서 우주의 평화를 지키기 위해 활약하는 내용을 담은 〈가디언즈 오브 갤럭시〉 시리즈는 웃음과 감동을 모두 잡은 영화로 평가받으며 흥행에도 성공하였습니다. 그런데 시리즈의 마지막 영화인 〈가디언즈 오브 갤럭시 3〉 개봉 이후 미국의 동물보호협회인 PETA People for the Ethical Treatment of Animals에서 감독인 제임스 건에게 '낫 어 넘버' 부문 상을 수여하면서 영화 외적으로도 주목받았습니다.

슈퍼히어로 영화감독이 왜 동물 권리 보호와 관련된 상을 받았을까요? 그건 바로 〈가디언즈 오브 갤럭시 3〉에서 동물 실험의 비극적인 상황을 보여줌으로써 사람들의 인식을 바꾸었기 때문입니다. 영화의 빌런인 하이에볼루셔너리는 완벽한 사회를 위한 새로운 생명체를 만들어내는 실험을 하였는데, 이 잔인한 동물 실험으로 인해 천진난만했던 너구리는 신체가 강제로 개조되었고 지능과 신체능력이 비약적으로 증대되었지만 마음속에 깊은 상처를 가진 '로켓'이 되었습니다. PETA는 '로켓'을 통해 동물을 하나의 인격체로 묘사하여 사람들로 하여금 동물 학대에 대한 경각심을 갖게 했다며 영화를 극찬하기도 하였습니다.

기업 운영의 효율성을 높이는 일은 기업의 성공을 위해 필수적입니다. 그러나 그 과정도 중요합니다. 그런 의미에서 〈가디언즈 오브 갤럭시〉는 의미와 재미를 모두 잡은 훌륭한 영화였습니다.

# 2

# 사물인터넷과 기업 활동

**사물인터넷**<sup></sup>IoT, Internet of Things은 우리가 접하는 사물에 인터넷이 결합되어 정보를 생산하고 공유하는 체계를 말합니다. 최근 스마트워치를 보면 사물인터넷의 역할을 쉽게 엿볼 수 있습니다. 손목에 차고 있기만 해도 우리가 잠잘 때 얼마나 깊게 자는지, 달리기를 할 때 맥박 수가 얼마나 높게 올라가는지, 그리고 혈액 속의 산소 포화도가 얼마인지 알 수 있는 것도 바로 사물인터넷 덕이지요.

물론 다양한 방식으로 활용되는 사물인터넷은 스마트 워치보다 훨씬 더 방대하고 중요한 정보를 생산합니다. 이 정보는 기업의 생산성을 높이는 것에 중요한 기여를 하고 있습니다. 몇 가지의 예시를 통해 알아보지요.

먼저 건축 분야를 살펴볼까요?  교량 등 건축물은 시간이 지남에 따라 점점 노후되기 때문에 안전에 문제가 생깁니다. 이를 방지하기 위해 이전에는 정기적으로 초음파 등을 이용해서 건축물이 낡은 정도를 측정해야 했습니다. 하지만 사물인터넷을 사용하면 건축물에 사물의 진동을 감지하는 칩을 설치하여 어떤 징후가 나타나는지 실시간으로 감지할 수 있습니다. 최근에는 이러한 칩이 설치되어 있지 않은 건축물을 진단하기 위해 일반인들이 보유하고 있는 스마트폰에 설치할 수 있는 앱이 개발되어 스마트폰이 건축물의 붕괴 조짐을 감지할 수 있는 방법도 고안되었습니다. 더 편리하고 저렴한 방식으로 건축물의 안전 진단이 가능하게 된 것이지요.

이번에는 운송 분야를 살펴봅시다. 많은 항공기나 선박에는 운항 정보를 자동으로 기록하고 전송하여 효율적인 연료소비를 돕는 한편 안전상의 문제를 미리 감지하는 장치가 설치되어 있습니다. 공장이나 중장비에도 마찬가지입니다. 그래서 예전에는 항공기를 판매하거나 공장을 세워서 넘겨주면 그것으로 거래가 끝났는데, 지금은 판매 후에 효율적인 운영과 유지보수를 위한 더 큰 거래가 지속되는 현상이 나타나고 있습니다. 이러한 현상을 **서비스화**<sup>servitization</sup>라고 합니다. 판매 기업은 이러한 정보를 관리하고 분석하면서 사고를 미리 예방하고 연료 소비를 최소화할 수 있는 방법을 알려줍니다.

보험 분야에서도 사물인터넷은 필요합니다. 보험료를 산정하는 방식은 보험회사와 보험 가입자에게 있어서 매우 중요합니다. 만약 어느 회사의 보험료가 너무 비싸면 가입자가 다른 회사로 옮길 것이고, 반대로 너무 낮게 보험료를 산정하면 수익성이 악화되겠지요? 이뿐 아니라 보험사는 다른 회사에 재보험을 들어서 위험을 분산하는데 이때 재보험료를 산정하는 것에도 많은 정보와 복잡한 계산이 필요합니다. 여기에서 사물인터넷은 보험 가입자가 당하는 사고를 실시간으로 전송하여 정확한 보험료 산정을 도와줍니다. 예를 들면 차량이나 현관문에 설치된 센서가 자동차에 감지되는 충격이나 현관문의 개폐에 대한 정보를 실시간으로 보험회사에 전송하여 보험 가입자의 보험료 산정에 사용되거나 가입자의 안전을 돕는 것이지요.

스포츠 분야에서 사물인터넷이 사용되는 경우는 여러분도 2022년 월드컵에서 잘 보았을 것입니다. 우리나라의 황희찬 선수가 포르투갈과의 경기에서 손흥민 선수의 패스를 받아 골을 성공하면서 16강에 진출했던 순간을 기억하지요? 그때 감격에 겨워 유니폼 상의를 벗은 황희찬 선수는 안에 조끼를 입고 있었는데요. 이 조끼는 운동선수의 심박수, 가속도, 스프린트 경로 등 400여 종류의 방대한 정보를 송신하여 감독이 각 선수의 컨디션을 상세하게 파악하여 최선의 전략을 수립하는 것을 돕는 역할을 합니다. 뿐만 아니라 월드컵 축구공 안에는 전자센서가 들어 있어서 오프사이드 반칙인지 아닌지 정확하게 판단하도록 돕습니다. 국제축구연맹은 이 시스템을 채택하여 전 세계 축구인이 마음껏 경기를 즐기는 것에 방해가 없도록 했습니다.

사물인터넷은 이처럼 건축, 중장비 운영, 금융, 스포츠 이외에도 매우 다양한 분야에서 기업의 효율성을 높여 소비자에게 큰 편의를 제공하고 있습니다. 흔히 4차 산업혁명이라고 부르는 이 시대에 우리는 방대한 정보를 실시간으로 공유하는 것을 통해 이전에는 가능하지 않았던 일들이 가능하게 되는 것을 목격하고 있습니다. 이와 같이 편리한 세상을 만드는 과정에는 국제기구나 정부와 함께 끊임없이 혁신을 추구하는 개별 기업의 노력이 담겨 있습니다.

**요약**

소비자에게 보다 나은 서비스를 제공하기 위한 기업의 노력은 기술적 진보를 가져왔고 그 가운데 사물인터넷을 이용한 정보의 생성과 공유 활동이 포함되어 있습니다. 이 기술은 기업의 생산성을 높이는 동시에 일반 소비자에게 큰 편의를 제공합니다.

# 3

# 4차 산업혁명은
# 신기루인가 현실인가

우리는 최근 **4차 산업혁명**이라는 용어를 자주 사용합니다. 앞에서 설명했던 사물인터넷 기술도 4차 산업혁명의 특징으로 언급되고 있죠. 반면 어떤 사람들은 우리가 이전에 겪었던 산업혁명과 다르기 때문에 4차 산업혁명으로 구분하는 것이 억지스럽다고 비판하기도 합니다. 그래서 여기에서는 4차 산업혁명이 무엇을 의미하는지, 이러한 명칭을 사용하는 것에 어떤 문제점이 있을 수 있는지 알아보기로 하겠습니다.

4차라는 이름이 붙었다는 것은 그 이전에 이미 1차부터 3차까지의 산업혁명이 존재했다는 것을 의미하겠지요? 최초의 산업혁명은 18세기에 영국에서 증기기관을 이용하여 옷감을 대량생산하게 되었던 사건을 말합니다. 수작업으로 옷감을 짜던 방식에서 자동화를 통한 대량생산이 이루어지게 된 것이었지요. 증기기관은 나무나 석탄으로 물을 끓여서 터빈을 돌리고 그 동력을 공장에 제공했습니다. 그래서 강물을 구하기 쉬운 도시 근처에 공장이 건설되었고, 많은 사람들이 농촌에서 공장이 있는 도시로 몰려들게 되었습니다.

2차 산업혁명은 19세기 후반에 독일과 미국을 중심으로 발생한 전기 에너지 중심의 생산성 증대 과정을 말합니다. 1차 산업혁명에서 사용되었던 증기 에너지는 저장하기 힘들었지만 이를 전기 에너지로 전환할 수 있게 되자 에너지를 저장하고 전선을 통해 다른 곳으로 보낼 수도 있게 되었습니다. 또한 석유를 사용해서 내연기관을 돌리는 발전 기술이 발명되면서 강 주변 장소 외에도 공장이 세워지게 되었죠. 자동화되는 산업도 방직에서 자동차와 철강, 식품 등으로 확장되었습니다.

3차 산업혁명은 20세기 후반에 컴퓨터가 대중화되면서 인터넷을 사용한 정보화 사회가 도래하고 풍부한 정보가 성장 동력이 되었던 사건을 말합니다. 이에 따라 더 많은 정보를 보유하고 활용하는 기업이 경쟁력을 갖는 시대가 되었습니다. 2차 산업혁명 시대에는 신문이나 TV 등 매스미디어를 통해 광고를 잘하는 기업들이 경쟁력이 있었습니다. 하지만 인터넷 기술이 발달하고 사람들끼리 쉽게 서로 정보를 교환할 수 있게 된 3차 산업혁명 시대에서는 인터넷을 통한 **입소문**WOM, Words of Mouth이나 블로그 운영 등이 효과적인 광고수단으로 등장합니다. 예전의 아날로그 정보를 디지털 정보로 전환하여 지식이나 정보 자체를 상품으로 판매하는 지식관련 산업도 함께 성장하게 되었죠.

지식 관련 산업의 성장과 함께 매일 전송되는 데이터 용량이 획기적으로 증가하고 스마트폰이 등장하면서 사람들은 엄청난 기능을 갖춘 기기를 각자의 손에 쥐게 되었습니다. 그러자 지금까지의 생활 패턴과는 사뭇 다른 혁명적인 변화가 나타났습니다. 이것이 4차 산업혁명입니다. 이 용어는 세계경제포럼에서 클라우스 슈밥이 처음 사용했는데, 인공지능, 사물인터넷, 3D 프린팅, 드론 기술 등과 관련하여 가상세계와 현실세계의 융합과 연결이 이루어지는 것이 특징입니다. 예를 들어 우리가 사용하는 내비게이션은 화면 안에서 자동차의 진로를 안내하는 가상세계를 통해 길을 안내합니다. 이것은 현실세계에서 수집되는 엄청난 양의 정보를 기반으로 하는 것이지요. 즉 인터넷과 위성 시스템의 실시간 정보 교환이 이루어지지 않으면 불가능한 기술입니다. 이처럼 4차 산업혁명을 특징짓는 여러 기술들은 이러한 가상세계를 현실과 유사하게 만들어내는 것에 필요한 정보를 수집하고 처리하는 것에 사용됩니다. 그 이유로 인해 어떤 학자들은 4차 산업혁명은 정보화 혁명을 의미하는 3차 산업혁명과 크게 구분되지 않는 신기루에 불과하다고 비판하기도 합니다.

사실 모든 역사는 그 시기가 흘러간 후에 기록되는 것이므로 4차 산업혁명도 또 다른 시대가 도래한 다음에야 객관적으로 설명될 수 있을 것입니다. 그러나 확실한 것은 우리가 현재 경험하고 있는 다양한 기술적 혁신은 단지 흥미로운 현상만이 아니라 우리의 일상생활을 빠르게 바꾸고 있고 많은 기업의 경쟁력에 영향을 미치고 있다는 것입니다.

최초의 스마트폰이 등장한 게 2007년인데 불과 16년 남짓한 시간이 지난 지금 우리는 스마트폰에 의존하여 살고 있으며 스마트폰에서 작동하는 앱과 관련된 활동을 하지 않는 기업을 거의 찾아볼 수 없을 정도입니다. 처음 소개되었을 때는 생소한 기술로 여겨졌던 드론도 이제 야외 방송 촬영에서 거의 필수적으로 사용되는 기기가 되었고, 딱딱하게만 여겨졌던 챗봇도 다양한 기업에서 고객을 상대하는 데 사용되면서 우리의 일상에 성큼 다가왔습니다. 기업들은 이러한 기술을 활용하여 일을 훨씬 효율적으로 수행하면서 동시에 새로운 사업 기회를 모색할 것입니다.

요약

인공지능과 가상세계 개념을 중심으로 하는 여러 혁신적인 기술은 우리
의 생활을 빠르게 바꾸고 개별 기업의 경쟁력에 큰 영향을 미치고 있습
니다. 물론 이 변화가 4차 산업혁명이라는 이름에 어울리는지 확신할
수 없습니다. 하지만 우리는 이 변화에 관심을 가지고 지켜봐야 합니다.

# 4

# 로봇의 효율성과 윤리적 책임

로봇이라는 이름은 사람을 대신하여 힘든 작업을 한다는 뜻으로 1921년에 저술된 연극 대본에서 최초로 사용되었다고 합니다. 그런데 많은 이야기가 그렇듯 그 연극에서도 로봇이 인간에게 반항하다가 결국 인간 세계를 지배한다고 하네요. 많은 사람들이 좋아하는 영화 〈터미네이터〉나 〈매트릭스〉 등에서 로봇과 인간이 대결하는 구도가 등장하는 것처럼 말입니다.

하지만 다행히도 아직은 로봇이 우리에게 그다지 적대적이지는 않은 것 같습니다. 오히려 사람이나 동물과 비슷한 모습을 한 로봇이 등장하면서 애착을 느끼게 하는 경우도 많습니다. 일례로 2015년에 보스턴 다이내믹스는 자신들이 개발한 4족 보행 로봇 '스팟'을 소개하는 동영상을 세상에 공개하였습니다. 이 동영상에서 개와 비슷한 모습을 가진 스팟이 안정적이고 잘 넘어지지 않는다는 것을 보여주기 위해 직원이 스팟을 발로 차는 장면이 있었는데 이를 두고 많은 사람들이 학대 여부를 따지며 온라인상에서 윤리 논쟁을 벌였습니다. 이는 비록 로봇이지만 살아있는 개를 괴롭히는 것 같은 감정을 느꼈다는 것을 보여주지요. 소니가 발명한 반려견 로봇 '아이보'나 우리나라의 스마트 인형 '효돌'은 외로운 노인들이 애정을 쏟을 수 있는 상대가 되는 것과 동시에 건강상태 정보를 외부에 전달할 수 있는 역할에도 적합하다고 합니다.

동물이나 사람 같은 모습을 하지 않더라도 인공지능기기는 이미 우리 곁에 존재하고 있습니다. 스마트폰이나 인공지능 스피커에 대고 시리, 아리, 지니 등 이름을 불러본 적 있지 않나요? 친절하게 우리의 질문이나 명령에 응답하는 그들 역시 인공지능입니다. 예전에는 날씨 검색이나 음악 재생 등 비교적 단순한 명령을 처리했지만 이제는 더 복잡한 일을 수행하기도 합니다. 인공지능을 기반으로 하는 챗GPT가 등장한 이후에는 논문을 쓰거나 음악을 작곡하는 매우 창의적인 작업도 할 수 있게 되었지요.

어쩌면 이제 기업은 로봇이 수행할 작업이 아니라 수행하면 안 되는 작업을 결정해야 할지도 모릅니다. 무슨 말이냐고요? 사람이 할 수 있는 대부분의 일을 로봇이 수행하게 되었으니 활용 여부에 관해 윤리적인 판단을 해야 한다는 것입니다. 이전까지 의사결정은 사람이 하고 로봇은 단순히 그 작업을 효율적으로 수행하는 것만 담당했기 때문에 비윤리적인 작업에 대해서는 의사결정을 한 사람에게 그 책임을 물을 수 있었죠. 하지만 이제는 로봇에 인공지능이 적용되어 로봇 스스로가 축적된 데이터를 바탕으로 판단하는 시대가 올 것입니다. 군사적 목적

을 가진 인공지능 드론이 적의 군사시설을 스스로 공격하는 것처럼요. 적의 군사시설을 공격할 때 인공지능이 화면을 식별하여 표적을 판단하게 됩니다. 그런데 만약 인공지능이 부적절한 데이터를 사용하여 민간시설을 공격하면 그것은 누구의 책임일까요? 이 책임을 인공지능에게 물을 수 있을까요?

기업에서 활용되는 경우도 마찬가지입니다. 많은 기업들은 신입사원 채용 과정에서 자기소개서를 읽고 평가하여 면접 여부를 가리는 인공지능 프로그램을 사용하고 있습니다. 그런데 이 평가 과정에서 성별이나 인종 등 차별적 요소가 알고리즘에 적용되어 윤리적 문제가 발생하는 사건이 일어났다고 해봅시다. 이 상황에서 이러한 차별 문제를 인공지능에게 묻는다는 것은 기업의 책임 회피일 뿐입니다. 기업이 효율성을 추구한다고 해서 윤리적으로 심각한 문제가 발생할 수도 있는 작업을 인공지능에게 맡겨서는 안 된다는 것이지요.

따라서 기업은 인공지능 로봇을 활용하여 효율성을 추구하는 동시에 이 과정에서 발생할 수 있는 윤리적인 문제들도 대비해야 합니다. 무고한 생명이 희생되거나 사람들을 차별하는 일이 발생할 수 있는 분야에서는 인공지능 알고리즘을 통한 자동화를 도입하지 않아야 한다는 것입니다. 이는 넓은 의미에서 기업이 가져야 하는 윤리적인 책임입니다. 이에 대해서는 다음 챕터에서 좀 더 자세히 살펴보도록 하지요.

## 요약

로봇은 단순한 생산성 증대뿐만 아니라 사람들의 정서적 측면에도 좋은
영향을 미치고 있습니다. 그러나 전적으로 인공지능의 판단에 맡길 수는
없습니다. 왜냐하면 인공지능에 기반한 로봇이 생명과 인권에 나쁜 영향
을 미칠 수도 있기 때문입니다. 따라서 기업이 인공지능을 도입하여
업무 효율을 높이는 일에는 매우 조심스럽게 접근해야 한다는 것을 잊지
말아야 합니다.

Management
Intelligence
Business
IT
FIN TECH
Governance
BIG DATA
Information
Governance

제 **4**장

# 기업의 사회적 역할

**"** ESG는 중요하다 **"**

지금까지 우리는 기업이 돈을 벌기 위해 소비자를 분석하고 자금을 관리하며 운영의 효율성을 높이는 방법에 대해 살펴보았습니다. 그런데 이를 통해 큰 규모로 성장한 기업들이 하루아침에 도산하는 경우도 있습니다. 왜 그럴까요? 기업은 이익을 창출하는 것뿐만 아니라 환경을 보전하고 인권을 보호하는 방식으로도 사회에 기여합니다. 하지만 사회에 해악을 미친다고 생각되는 기업은 인정을 받지 못하고 도태됩니다. 이때 필요한 것이 2020년 이후 부상하고 있는 ESG라는 개념입니다. 환경, 사회, 지배구조를 뜻하는 Environmental, Social, Governance의 첫 글자들로서 기업이 사회적으로 인정을 받아서 지속가능한 조직이 되는 방법을 설명합니다.

# 1

# 주주자본주의와
# 이해관계자 자본주의

많은 사람들은 기업이 사회를 위해 큰 돈을 사용해야 한다고 말합니다. 그 말은 맞는 것일까요? 결론부터 이야기하자면 그 말은 틀린 것입니다. 우리가 추구하는 자유시장경제에서는 개인이나 기업이 가진 돈이 아무리 많다고 하더라도 강제로 사회를 위해 사용하게 할 수는 없습니다. 개인이나 기업이 가진 돈을 국가가 마음대로 사용하는 것은 사회주의 경제에서만 가능한 일이거든요.

다만 기업은 기업이 가진 목표를 위해 공익을 추구하는 방식으로 돈을 사용할 수 있습니다. 누가 억지로 시켜서 하는 것이 아니라 기업이 존재하는 이유를 인정받아서 기업이 지속적으로 생존하고 발전하는 것에 도움을 받기 위해서 말이지요. 그렇다면 기업이 존재하는 이유는 과연 무엇일까요?

기업은 자본을 투입한 주주에 의해서 탄생했으므로 가장 기본적인 기업의 존재 이유는 주주의 부를 극대화하는 것이라고 할 수 있습니다. 주주의 부를 극대화하는 과정에서 직원이나 거래 기업 등 여러 주변 집단들도 이득을 얻게 됩니다. 사실 이 논리는 오랫동안 기업의 책무를 설명하는 경영학계의 정설로 인정되었습니다. 이러한 논리를 설명하는 자본주의의 개념을 **주주자본주의**라고 부릅니다.

그러나 최근 경영학계에서는 기업을 단지 주주의 창조물로만 보는 관점이 사회의 다른 구성 집단에게 해악을 미칠 수 있다는 우려가 대두

되었습니다. 기업이 돈을 버는 과정에 기여하는 많은 이해관계자가 지나치게 경시되어서는 안 된다는 것입니다. 예를 들어 근로자는 노동을 투입하고 임금을 받지만 일터에서 그 이상으로 복잡한 사회적인 관계를 가지게 됩니다. 즉 근로자는 단지 돈을 받고 노동력을 제공하는 단순한 생산요소가 아니라 기업 내에서 삶을 영위하고 성장하며 기업의 미래 경쟁력을 결정짓는 복합적인 이해관계자라고 할 수 있습니다. 사업 관계를 갖는 다른 기업도 마찬가지입니다. 원재료를 공급하거나 판로가 되는 거래처들은 기업의 수익에 기여하는 일회적 거래 파트너일 뿐만 아니라 해당 기업의 조직문화와 미래 성장성에도 영향을 미칠 수 있는 복합적인 이해관계를 가지고 있습니다. 또한 세금을 징수하는 정부나

지역자치단체, 자금을 대여하는 은행, 기업의 상품을 구입한 일반 소비자 등 모두 주주 못지않게 특정 기업에 대해서 여러 형태의 이해관계를 가질 수 있습니다. 이에 기업은 이러한 다양한 이해관계를 최대한 충족하는 책무를 갖는다고 설명하는 자본주의의 개념이 대두되었는데 이것을 **이해관계자 자본주의**라고 부릅니다.

특히 2000년대 초반에 발생했던 서브프라임 모기지 사태에서 사람들은 금융기업들이 위험을 방치하고 탐욕을 추구하다가 많은 사람들을 경제적으로 파탄에 이르게 했던 것을 목격했습니다. 그래서 기업은 주주만을 위한 조직이 아니라 사회의 여러 이해관계자를 위한 조직이 되어야 한다는 인식이 확장되는 계기가 되었습니다.

그렇다면 주주자본주의는 틀리고 이해관계자 자본주의는 맞는 것일까요? 세상의 대부분의 논리가 그렇듯이 100% 맞고 틀리다고 말할 수는 없습니다. 일단 주주는 기업의 중요한 이해관계자 중 하나입니다. 주주자본주의는 주주의 이익과 권한을 가장 중시하는데 그것은 이해관계자 자본주의에서도 크게 다르지 않습니다. 다만 대주주 이외의 소액주주의 권리도 보호하고, 주주가 아닌 이해관계자의 목소리도 경청하며, 기업이 적법하게 운영되도록 전문가 집단이 감시하는 체제를 갖추도록 하는 것은 기업의 건전한 지배구조를 위해 중요한 장치들입니다. 이러한 체제는 기업이 올바른 **지배구조**Governance를 갖게 하여 지속가능성을 높이게 됩니다.

요약

기업의 지속가능성에 영향을 미치는 ESG 중 지배구조G는 의사결정체계가 올바로 서 있는가를 평가하는 지표입니다. 주주의 권리를 우선시하는 주주자본주의와 다양한 이해관계자의 만족을 중시하는 이해관계자 자본주의의는 기업의 지배구조에 대해 상호 보완적인 관점을 갖고 있습니다.

## 파타고니아 이야기 : 지속가능성과 팬덤

　파타고니아는 노스페이스, 콜롬비아와 더불어 미국의 3대 아웃도어 의류 업체로 손꼽힙니다. 그 창립자인 이본 쉬나드는 우리나라와 특별한 인연이 있는데, 1963년에 주한미군으로 한국에 왔을 때 북한산을 등반하며 자신의 이름을 붙인 등반로를 개척하기도 했습니다. 한국에서 복무를 마친 그는 1973년에 파타고니아를 설립했습니다.

　파타고니아는 등반 시 사용하는 피톤이라는 부품이 암석을 훼손하는 것을 방지하기 위해 친환경적인 등반 도구를 제작하여 판매하는 사업에서 시작하였습니다. 창업자의 취미가 직업이 되는 순간이었지요. 등반에 실용적인 의류를 일상생활에서도 착용하는 사람들이 점차 많아지게 되었는데, 그들은 파타고니아 브랜드가 가지고 있는 환경보호의 정신에 공감하는 사람들이었습니다.

　2016년 파타고니아가 세상에 선보인 광고 문구는 예사롭지 않습니다. "이 재킷을 사지 마세요, 당신에게 필요 없다면." 무분별한 소비로 인한 자원 남용을 막고 환경을 보호하자는 취지의 메시지였습니다. 이 기업은 유기농 순면과, 사료를 강제로 먹이지 않은 거위의 털 그리고 페트병을 재활용한 화학섬유를 사용한다고 합니다. 이 기업의 제품들은 동종업계의 경쟁 제품보다 높은 가격으로 판매되는데, 이는 아마도 파타고니아의 지속가능 경영에 공감하는 소비자들이 보여주는 팬덤 현상 덕분이지 않을까 합니다.

# 2

# 인권 보호의 경영

초기 자본주의 체제에서 기업은 때때로 인권을 경시하고 노동을 착취한다며 비판 받았습니다. 개인의 부를 무한정으로 추구하는 탐욕이 다른 사람들에게 피해를 미친다는 것이지요. 하지만 그 대안으로 부상했던 공산주의 체제에서는 더 심각한 인권 문제가 발생했습니다. 계획경제를 통해 평등한 세상을 만들고자 사람들이 가진 경제적 자유를 제한하는 과정에서 인간의 기본적인 권리가 박탈되고 경제 성장의 동력은 저하되는 현상이 발생한 것입니다.

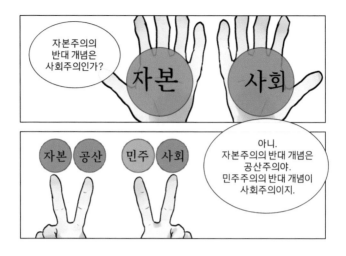

　그러나 자본주의가 공산주의보다 더 나은 체제라고 해서 폐해가 없는 것은 아닙니다. 앞에서 다루었던 기업의 활동들, 즉 소비자의 니즈를 파악하고 자금을 효과적으로 관리하며 생산성을 높이는 과정에서 사람들에게 피해를 입히는 경우가 많았거든요. 예를 들어 경쟁 기업을 모함하는 내용을 광고하고, 투기를 목적으로 자금을 운용하며, 제조비용을 낮추기 위해 근로자들에게 터무니없이 낮은 임금을 주기도 했습니다. 이는 돈은 벌 수 있지만 다른 기업이나 사람들이 가진 정당한 권리를 빼앗는 행동입니다.

　사실 기업들의 이러한 나쁜 행동 중 대부분은 국가가 법으로 금지하고 있습니다. 소비자보호법, 자본시장법, 근로기준법 등 많은 법령들이 소비자, 일반대중, 근로자 등의 권리가 함부로 침해받지 못하게 안전망을 치고 있지요. 그럼에도 우리는 기업이 다른 기업과 사람들의 권리를 침해하는 경우를 종종 보곤 합니다. 예를 들어 사람에게 위험할 수 있는 물질을 생산 공정에서 사용하는 것이 어떤 후진국에서 아직 불법으로 간주되어 있지 않다면, 그 나라에서만큼은 그 물질을 사용하는 기업이 불법을 행한 것은 아니겠지요. 그러나 이로 인해 현지의 근로자들이 질병을 얻었다면 그 기업은 인권을 경시하고 있는 것입니다. 즉 법적인 문제가 없다고 하더라도 비윤리적인 행동을 하고 있는 것입니다.

자유 민주주의 경제에서는 모든 것이 자유이니까 기업이 돈 벌기 쉽겠다. 사원들에게 일을 많이 시키면 되니까.

아니야. 기업은 기본적인 인권을 보호할 법적인 책임이 있어. 거기에다가 윤리적인 책임도 있고.

이러한 인권 침해는 좁게는 기업 내 근로자에게, 넓게는 일반 대중에게 발생할 수도 있습니다. 앞에서 예를 들었던 근로자 안전에 대한 문제나 아동 노동착취, 저임금, 성차별 및 학력차별 등은 기업에서 일하는 근로자의 인권을 침해하는 대표적인 사례입니다. 또한 기업이 고객의 정보를 소홀히 관리하여 개인정보가 유출된다거나, 거래상 우월한 지위를 이용해서 공급업체에게 무리하게 낮은 가격을 강요한다거나, 결함 있는 제품이나 금융 상품 등을 판매하여 소비자에게 피해를 끼친다거나 하는 등의 행위들도 모두 넓은 범위에서 권리를 침해하는 일입니다. 이러한 사례들은 그것이 합법적이든 불법적이든 비윤리적인 행동입니다.

기업이 사람들의 권리를 침해하지 않는 체계를 갖출 때 ESG 활동 중 사회Social에 대한 책임경영을 수행한다고 합니다. 기업이 단순히 돈을 벌기만 하는 조직이라고 생각했던 시대에는 사람들의 권리에 관심을 가져야 한다는 개념이 없었습니다. 그러나 1996년 미국의 어느 다국적 기업의 베트남 공장에서 노동을 하는 12세 아동의 모습을 찍은 사진이 유명한 시사 잡지에 등장하자 해당 기업의 매출은 급격히 감소하였고, 아동 노동 착취로 인해 많은 비판을 받았습니다. 이후 그 기업은 책임을 인정하면서 전세계 작업장의 근로환경을 개선하고 관련 정보를 공개하여 이미지와 대중의 신뢰를 회복합니다. 또한 이 사건으로 기업은 사회의 일원이며 사람들의 권리 보호를 위해 노력해야 사회적으로 인정받아야 성공할 수 있다는 인식이 널리 퍼지게 됩니다.

**요약**

기업의 지속가능성에 영향을 미치는 ESG 중 사회S는 기업이 인권을 보호하는 활동을 충분히 펼치는가에 대한 지표입니다. 기업은 법적인 책임을 넘어 상식적이고 윤리적인 차원에서 근로자, 일반 대중, 다른 기업에서 일하는 사람들의 권리까지 배려하고 보호하는 활동을 수행해야 합니다. 이것은 개인의 부를 추구하는 자본주의의 원리와 모순되는 것이 아닙니다.

제4장 기업의 사회적 역할 : ESG는 중요하다

# 3

# 환경파괴의 주범에서
# 환경보호의 첨병으로

1968년 미국의 생태학자 하딘은 〈공유지의 비극〉이라는 논문을 사이언스지에 발표했습니다. 이 논문은 사람들이 키우는 가축들을 아무런 제한 없이 뒷산 공유지에 방목하게 허용하면, 무한히 넓지 않은 공유지는 결국 황폐하게 되어 이것은 모두에게 이익이 되지 않는다는 내용을 담고 있었죠. 이 논문은 많은 사람들에게 영향을 미쳤습니다.

지금 생각해보면 매우 단순한 내용이지만 이는 오늘날 우리의 삶과 직결되어 있는 일이기도 합니다. 여러 학자들이 최근 들어 자주 발생하고 있는 기후 이변이 이산화탄소의 과다배출로 인한 온실효과 때문이라고 말합니다. 인류의 산업화가 이처럼 진행되지 않았을 때에는 별로 문제가 되지 않았던 이산화탄소 배출량이 이제는 지구를 위협하고 있는 것입니다.

이러한 논의는 곧 이산화탄소 배출의 주범을 찾는 것으로 이어졌고, 대량 생산을 주도하는 기업들이 지목되었습니다. 대량으로 매연을 배출하는 대규모 공장과 엄청난 메탄가스를 배출하는 축산농장을 운영하는 기업들 말이지요. 기업이 끝없이 추구하는 효율성과 생산성이 인류의 공유지인 지구를 황폐화시키고 있었던 거죠.

이산화탄소 등 공해물질을 배출하는 것 외에도 기업은 다양한 방식으로 자연을 괴롭히고 있습니다. 인체에 작용하는 화학물질의 안전성을 테스트하기 위해 동물실험을 하고, 숲과 산의 나무를 베어내어 지역 생태계를 파괴하기도 합니다. 사람들이 소비하는 물량보다 훨씬 더 많은 제품을 만들었다가 폐기함으로써 자원을 낭비하고, 단지 값이 싸다는 이유로 썩지 않는 일회용품을 포장재 등으로 사용하여 불필요한 쓰

레기를 배출하고 있으니까요.

　이러한 환경 파괴들은 모두 돈을 벌기 위해 나온 행동입니다. 하지만 눈앞의 이익만 추구하지 않고 장기적인 이득을 위해 환경을 보호하려는 활동을 하는 기업들은 그 선의를 인정받아 더 좋은 기회를 잡을 수 있습니다. 동물 실험 없이도 인체 유해 여부를 알아냈다는 문구가 적힌 상품의 광고를 본 적 있나요?　베어내는 나무만큼 새로 나무를 심는다거나, 대량 소비보다는 재활용 및 수선을 강조하여 제품을 홍보하거나, 또는 일회용품을 사용하지 않는 운동을 주도하는 기업들도 등장하고 있습니다.

환경 친화적인 기술을 개발하는 활동은 정부나 민간단체보다 기업이 훨씬 더 효과적으로 수행할 수 있습니다. 왜냐하면 기업은 소비자의 니즈에 기반하여 활동을 하기 때문입니다. 소비자가 환경 보호보다 가성비가 좋은 제품에만 관심이 있었을 때는 환경을 파괴하는 방식으로 제품을 생산하는 것이 묵인되었습니다. 하지만 이제 환경 보호에 관심을 두는 니즈가 점차 증가하는 현 상황에서는 그러한 활동을 수행하는 기업이 더 성공적으로 소비자의 눈길을 사로잡을 수 있습니다. 재활용과 수선을 강조하는 의류제조업체들이 인기를 끌고, 동물실험을 하지 않겠다고 선언하는 '**크루얼티 프리**cruelty-free' 기업들이 소비자에게 사랑받는 현상은 환경 보호 활동이 정부나 민간단체의 압력으로 강제적으로 수행되는 것이 아니라 기업의 성장과 발전의 수단이 될 수 있다는 것을 보여줍니다.

요약

기업의 지속가능성에 영향을 미치는 ESG 중 환경[E]은 기업이 환경 보호
에 충분한 주의를 기울이는가에 대해 평가하는 지표입니다. 기업의 환경
보호 활동은 정부나 국제기구 또는 민간단체의 압력에 의해 강제적으로
이루어지는 경향도 있지만, 기업은 오히려 적극적인 환경 보호 활동을
통해 성장과 발전을 추구할 수 있습니다.

# 4

# 지속가능한 성장과
# 공유가치창출

지금까지 기업의 사회적 역할에 대해 ESG의 개념을 중심으로 살펴보았습니다. 환경, 사회, 지배구조를 의미하는 ESG 개념은 갑자기 등장한 것은 아닙니다. 기업의 사회적 책임을 의미하는 개념들은 오래 전부터 소개되어 왔습니다. 이번에는 그 중 공유가치창출이라는 개념을 설명하려 합니다.

**공유가치창출**<sup>CSV, Creating Shared Value</sup>은 기업이 자신만을 위해서가 아니라 사회 구성원도 이익을 공유할 수 있도록 가치를 창출하는 것을 의미합니다. 우리는 앞에서 주주자본주의와 이해관계자 자본주의를 배울 때 기업이 무조건 사회를 위해 돈을 써야 한다고 말하는 것은 자본주의의 원리를 부정하고 사회주의 체제를 강요하는 잘못된 주장이라고 논의한 바 있습니다. 그렇다면 사회주의 체제와 공유가치창출은 구분하기 어려운 것이 아닐까요?

한 마디로 말해서, 사회주의 체제는 기업이 돈을 사용하는 방식을 강요하지만 공유가치창출은 돈을 버는 방식을 이야기하는 것입니다. 기업이 정당한 방식으로 창출한 부를 사회를 위해 사용해야 한다는 것은 기업의 사유재산권을 부정하는 잘못된 주장입니다. 그 대신에 기업은 부를 창출하는 과정에서 사회적 가치를 고려할 수 있습니다. 기업 또한 사회를 이루고 있는 하나의 구성원이자 그 활동이 자본주의와 자유시장경제 하에서 장려되기 때문입니다.

아담 스미스는 자유롭게 거래가 이루어지는 시장에서는 보이지 않는 손이 가격을 조절하여 시장을 유지한다고 설명했습니다. 이 과정에서 자신의 이익을 추구하는 모든 사람들의 활동이 균형을 이룰 수 있다는 것이지요. 그런데 어떤 경우에는 시장 전체의 균형이 깨어질 수 있는 시장의 실패가 발생하여 자유시장경제의 존속을 방해하는데, 이때는 정부가 개입하여 바로잡게 됩니다. 예를 들어 군수물자나 에너지, 식량 등 국민의 생명과 직결되는 물자들은 정부가 개입하여 안정적으로 관리하고, 부동산이나 환율 등 사회적 파급이 큰 지표들에도 개입할 수 있습니다. 이러한 활동은 국민이 내는 세금으로 이루어지며 또한 제대로 활동하고 있는지 국회에서 감시합니다. 이 상황에서 일어나는 정부의 개입은 자유시장경제와 자본주의 체제를 유지하고 발전하는 것을 돕습니다.

여기에서 기업은 어떤 역할을 담당할까요? 기업도 일반 개인과 같이 세금을 납부함으로써 정부가 시장의 실패를 바로잡는 것에 기여하고 있습니다. 그러나 기업은 개인보다 훨씬 큰 영향력을 갖습니다. 예를 들어 거대한 다국적 기업은 많은 소규모 국가의 경제규모보다 훨씬 크기 때문에 투자결정을 통해 이러한 국가들의 경제상태를 좌지우지할 수 있습니다. 이와 비슷한 일은 국내에서도 볼 수 있습니다. 대기업이 어느 지역에 투자하면 많은 일자리가 만들어져서 지역 주민들이 좀 더 행복해지는 것처럼 말이죠. 하지만 그렇다고 해서 특정 기업이 손해를 감수하면서 특정 지역에 억지로 투자하라고 강요할 수는 없습니다. 공유가치창출은 기업이 돈을 벌면서 지역 사회에도 도움이 될 수 있는 방법을 찾아야 한다는 의미를 가지고 있습니다.

물론 이러한 방법을 찾는 것이 쉬운 일은 아닙니다. 그러나 어렵다고 해서 기업이 자신만의 이득을 추구하는 방식으로 경영한다면 이는 시장의 실패를 가져오고 정부의 개입을 유도하게 됩니다. 만약 정부보다 힘이 센 기업이 이기적인 활동을 계속하게 된다면 자유시장경제와 자본주의 체제가 흔들리는 불행한 결과가 초래될 수도 있습니다. 2011년에 미국 뉴욕에서 발생하였던 월가 점령 시위를 알고 있나요? 이 시위는 이기적인 활동을 계속하는 탐욕스러운 기업들에게 시민들이 던지는 경고였습니다.

그럼 기업이 사회와 함께 공유할 수 있는 가치를 창출하는 방법은 어떻게 찾을 수 있을까요? 바로 기업이 가지고 있는 자원과 외부 거래 관계를 활용하는 방식에서 찾을 수 있습니다. 모든 기업은 다른 기업과 구별되는 특유의 기업자원을 가지고 있습니다. 예를 들어 기업이 가진 특별한 기술, 업무방식, 공간 등을 활용하여 새로운 방식으로 지역 주민과 더불어 돈을 벌 수 있는 사업을 개발하는 것은 공유가치창출을 수행하는 방법이 될 수 있습니다. 또한 외부의 다른 조직과 연대하여 새로운

활동을 전개하는 것도 훌륭한 공유가치창출 활동이 될 것입니다. 분명한 것은 이러한 활동들을 개발하는 과정에서 기업의 이득만이 아니라 사회와 공유되는 가치를 추구해야 한다는 것입니다. 이것은 기업이 사회의 일원으로서 정부 등 다른 집단의 간섭을 받지 않고 지속가능성을 높이는 역할을 할 수 있는 중요한 기능이 있음을 의미합니다.

기업이 공유가치를
창출하는 방법은
어떻게 찾을 수 있나요?

기업이 가진
특유한 기업자원을
먼저 발견하고
그것을 활용하도록
노력해야 하지요.

그게 바로
**자원기반이론**
이군요.

---

**요약**

기업과 사회가 함께 이득을 얻는 가치를 만드는 공유가치창출은 자유시
장경제와 자본주의 체제에서 기업이 지속가능성을 높일 수 있도록 제시
된 방법입니다. 이를 통해 기업은 환경을 보호하고 사회적 가치를 높이
며 이익도 추구하는 ESG 활동을 수행할 수 있습니다.

# 찾아보기

**자**

**카**

**타**

**파**

**" 수고하셨습니다 "**